自贸区研究系列

中国自由贸易试验区协同创新中心

何骏 著

中国服务业国际化水平提升研究

格致出版社 上海人民出版社

前　言

进入 21 世纪以来,全球经济发展面临着资源短缺和环境恶化的严峻挑战。高速发展的中国经济也面临着同样的困扰。加快服务业发展是转变经济发展方式、解决资源与环境问题的出路。而服务业国际化水平的提升不仅是服务业发展的体现,更能促进服务业的发展。

事实上,服务的无形性、不可分割性、不易储藏性和异质性,导致其很难标准化和规模化。许多学者也始终质疑服务业国际化的可能性。然而,服务业国际化毕竟已成为全球新趋势,也逐渐表现出不同于制造业的国际化特征。

本书聚焦中国服务业国际化水平的提升,试图为提升中国服务业国际化水平指明方向,提供方法,对于中国产业转型升级和转变经济发展方式意义重大。本书从理论上提出中国服务业国际化水平提升的路径和模式,解决了中国服务业国际化水平提升的方向和方法;在实证上将理论建模与实证分析结合在一起,建立了服务业国际化的综合评价指标,对理论方向和理论方法分别进行了实证检验,使得研究结论具有实际意义。最后,还对我国服务业国际化水平提升的税制改革和效率水平进行了实证研究,提出了相关的政策建议,使得对中国服务业国际化水平提升的研究更加全面。

何　骏

2015 年 2 月

目　录

第1章
服务业国际化的现状研究

1.1 全球服务业国际化的现状与发展趋势

1.1.1 基本概念的界定

由于服务业国际化是一个较新的研究领域,所以有必要对服务业国际化的相关概念进行界定,包括服务业、现代服务业、第三产业、服务贸易、服务外包、服务业FDI、服务业国际化等基本概念。

1. 服务业、现代服务业和第三产业

按照目前国际通行的产业概念,服务业是指除农业、工业和建筑业以外的其他所有行业。服务业是国民经济的重要组成部分,服务业发展水平不仅代表了一个地区市场经济的成熟和发达程度,也是地区综合竞争力的体现,高水平的服务业更是衡量现代社会经济发达程度的重要标志。随着经济社会不断发展,三次产业不断融合,服务行业交叉叠加,服务业的外延不断拓宽,对于不同的国家、地区及不同的发展阶段,服务业的内容往往也有所不同,对服务业内涵准确界定,国内外尚无统一标准。

现代服务业是在工业化高度发展阶段产生的,主要依托电子信息等高技术和现代管理理念、经营方式和组织形式而发展起来的服务部门,侧重于指在新技术革命浪潮推动下产生或有较大发展的服务行业。具有"三新"(新技术、新业态、新方式)和"三高"(高人力资本含量、高技术含量、高附加值)特征。

服务业同第三产业既有区别又有联系:第三产业的界定采用的是剩余法,即把第一、第二产业以外的所有经济活动统称为第三产业,而服务业的范围是以生产或提供服务来确定的。第三产业是供给分类,它与第一、第二产业间是单向依存关系;服务业同农业、制造业的划分,是以经济体系的需求分类为基础的,它同农业、制造业之间是相互依存关系。第三产业的经济结构含义主要是相对于国内经济的,服务业的经济结构含义则是面向国内和国际两个市场的。我国目前用第三产业的统计体系代替服务业统计体系,但随着经济社会不断发展,产业不断融合,目前在农业、工业、建筑业中的部分服务业,尚未纳入第三产业统计范畴,因此事实上服务业的范畴要大于第三产业统计范畴。

2. 服务贸易

关于国际服务贸易,有三种代表性的定义,分别是:

(1)基于国际收支统计的定义。

统计学家从国民收入、国际收支平衡为出发点,将服务出口定义为将服务出售给其他国家的居民,服务进口则是本国居民从其他国家购买服务。"居民"是指按所在国法律,基于居住期、居所、总机构或管理机构所在地等负有纳税义务的自然人、法人和其他在税收上视同法人的团体。各国按照自己的法律对"居民"有不同的定义。从统计的意义看,"居民"通常被定义为在某国生活3个月以上的人,也有的国家认为至少生活5年以上的人才成为居民。"贸易"是销售具有价值的东西给居住在另一国家的人,"服务"是任何不直接生产制成品的经济活动。

另外,服务可定义为一系列产业、职业、行政机关的产出:空运业、银行业、保险业、旅馆业、餐饮业。理发业、教育、建筑设计与工程设计、研究、娱乐业、按摩院、旅游业与旅游代理、计算机软件业、信息业、通信业、医疗与护理、印刷、广告、租赁、汽车出租服务等。因此"国际服务贸易"可定义为这些行业部门的产出品向其他国家居民的销售。

(2)联合国贸易与发展会议的定义。

联合国贸易与发展会议(UNCTAD)利用过境现象阐述服务贸易。联合国贸易与发展会议将国际服务贸易定义为:货物的加工、装配、维修以及货币、人员、信息等生产要素为非本国居民提供服务并取得收入的活动,是一国与他国进行服务交换的行为。狭义的国际服务贸易是指有形的、发生在不同国家之间,并符合严格的服务定义的直接的服务输出与输入。广义的国际服务贸易既包括有形的服务输入和输出,也包括在服务提供者与使用者在没有实体接触的情况下发生的无形的国际服务交换。一般所指的服务贸易都是广义的国际服务贸易概念,只有在特定情况下"国际服务贸易"或"服务贸易"才是狭义的"国际服务贸易"的概念。本书的"服务贸易"及"国际服务贸易"均指广义的"国际服务贸易"概念。

(3) 世贸组织的定义。

关税与贸易总协定主持下的乌拉圭回合谈判,在 1994 年 4 月签订的《服务贸易总协定》(General Agreements on Trade in Services,GATS)中,对服务贸易做了如下定义:服务贸易是一国劳动者向另一国或多国消费者提供服务并获得外汇的交易过程,既包括有形劳动力的输入输出,又包括提供者与被提供者未实体接触情况下服务的国际有偿输入输出。其内容十分广泛,涉及 150 多项,20 多个领域。概括而言分为 4 大类:从一成员的国境向另一成员的国境提供服务(跨境交付);从一成员的国境向另一成员的服务消费者提供服务(境外消费);通过一成员的(服务提供实体)法人在另一成员的商业存在(commercial presence)提供服务(商业存在);由一成员的自然人在另一成员境内提供服务(自然人流动)。

上述三种代表性的定义中,世贸组织的定义已成为"国际服务贸易"的权威性定义,被各国普遍接受。

3. 服务外包

服务外包是作为生产经营者的业主将服务流程以商业形式发包给本企业以外的服务提供者的经济活动,实际上是通过购买第三方提供的服务或产品来完成原来由企业内部完成的工作。随着服务外包在全球范围快速发展,其内涵和外延需要相应拓展,主要体现在:

(1) 根据服务的交易对象不同分为:为生活(消费)提供服务的服务外包和为生产提供服务的服务外包。为生产提供服务的服务外包将在未来服务外包中占有越来越重要的位置。

(2) 根据外包领域不同,可分为制造业外包和服务业外包。前者通常是指对生产制造活动的外包,即是将产品的某个或某几个非关键性的零部件、环节交由其他企业来完成的外包方式。服务业外包则是指除了制造业外包之外其他一切外包活动。

(3) 按外包范围的工作性质可分为"蓝领外包"和"白领外包"。前者指产品制造过程外包,后者指技术开发、支持以及其他服务活动的外包。

（4）按业务性质可分为信息技术外包 ITO（information technology outsourcing）、业务流程外包 BPO（business process outsourcing）和知识流程外包 KPO（knowledge process outsourcing）。ITO 包括产品支持与专业服务的组合，用于向客户提供 IT 基础设施或企业应用服务，或同时提供这两方面的服务；BPO 指企业在核查业务流程以及相应的职能部门后，将部分流程或职能外包给供应商，并由供应商对这些流程进行加工和重组。KPO 是围绕对业务诀窍的需求而建立起来的业务，指把通过广泛利用全球数据库以及监管机构等的信息资源获取的信息，经过即时、综合的分析研究，最终将报告呈现给客户，作为决策的借鉴。

（5）按发包方和承包方所在国家的不同可分为在岸服务外包和离岸服务外包。前者指发包方和承包方同处于一个国家之内，其特征是外包处于一个经济体内，职位在公司之间转移；后者指公司将其业务交给其他国家的企业经营，即发包方和承包方处在不同的国家，其特征是职位在国家之间转移。

（6）按服务外包的级别由低到高依次可分为基础技术外包、商业应用程序外包、业务流程外包和业务改造外包等。企业服务外包级别越高，越具备战略价值。

上述分类中，最常用和最重要的分类是（4）和（5）分类，而如此分类，是科学研究服务业国际化的重要前提和必要环节。但是，外包活动本身并不存在截然不同的分类，而是交叉进行，即某项外包可能既包括制造业外包和服务业外包，也可包括在岸服务外包和离岸服务外包，还可能包括"蓝领外包"和"白领外包"等。

4. 服务业 FDI

FDI（foreign direct investment），即对外直接投资，亦称外国直接投资、外商直接投资或国际直接投资，简称外资。服务业 FDI 就是服务业领域的外商直接投资。随着全球服务经济时代的到来，大力发展服务业已成为许多国家和地区产业政策的主要内容。而经济全球化进程的深入使得服务业发展无法脱离全球价值链，而服务产品的不可贸易性或难以贸易性，使得服务业 FDI 成为服务业跨国公司海外扩张的一种主要方式。

5. 服务业国际化

服务贸易、服务业 FDI 和服务外包都以服务业为基础，服务业又以服务贸易、服务业 FDI 和服务外包为重要发展形式。服务贸易、服务业 FDI 和服务外包的快速发展是一个国家或地区服务业快速发展及其国际化的重要途径。

1.1.2　服务业在全球经济发展中取得主导地位

第二次世界大战以来,特别是近 20 年来,经济全球化进程逐渐加快,成为世界经济发展的主流。在知识、技术和全球化力量的推动下,全球服务业迅速发展,服务业在一国经济中占据越来越重要的位置,并成为衡量一国国际竞争力的一项重要标准。

服务业的迅速崛起成为 21 世纪中叶以后世界经济发展的显著特征。随着经济全球化的深入发展,世界经济形成了以知识为基础、以金融活动为中心、以信息技术为主体、以跨国公司为依托的格局。随着信息化和全球化程度的不断加深,服务业适应新的形势向纵深发展,成为推动全球经济发展的基础性力量,为世界经济发展提供了新的契机和方向。大力发展服务业是增强国家综合竞争力的重要产业基础,也是转变经济发展方式、实现产业转型升级的有效途径。

从世界范围来看,服务业正成为经济增长的重要引擎,是现代经济持续快速发展的主要源动力,其兴旺发达已经成为经济现代化的重要标志。世界经济领域正在进行一场空前革命,以信息技术、知识产业的迅猛发展为主要标志的知识经济革命使西方社会进入了一个崭新的时代——后工业社会。与工业社会不同,后工业社会大量的人力、物力、资本不是流入传统的工业、农业,而是流入服务性行业,服务业成为这个时代的主导产业,在经济结构中比重越来越大,在国民生产总值中的贡献也越来越大。①自 20 世纪 80 年代初,世界主要发达国家经济重心开始转向服务业,服务业在就业和国内生产总值中的比重不断加大。20 世纪 80 年代全球经济呈现出从"工业型经济"向"服务型经济"转型的总趋势,产业发展则呈现出服务化的新趋势。经济服务化成为后工业社会的一个非常重要的时代特征。

---

① 之所以出现这样的变化,是因为科技创新能力的提高推动了服务业的发展,使现代服务业具有创造消费、引导消费、服务消费的功能。新兴服务业的不断出现和内部结构的不断调整,使服务领域拓宽,服务方式得到创新,服务结构发生深刻地变化,吸引了大量的资本投入,提供众多的就业岗位,从而导致服务业在产业结构中地位的提高,引起了经济组织形式的变化,带动了产业结构的升级。

1.1.3　服务业将主导竞争优势

贝尔(Daniel Bell)在其《后工业社会的来临》(*The Coming of Post-industrial Society*)一书中详细描述了"后工业化社会"与此前各类社会形态中服务业表现特征的区别,他认为农业社会服务业主要为个人和家庭服务,工业社会则是以与商品生产、流通有关服务为主,而后工业社会则是以知识服务和公共服务为主。实际上,贝尔有关后工业化社会的论述,也指出了服务业发展的结构特征:服务业必将由传统服务业向现代服务业转移的规律。现代服务业主要是指依托电子信息等高技术或现代经营方式和组织形式而发展起来的服务业,既包括新兴服务业,也包括对传统服务业的技术改造和升级。前者包括以互联网为基础的网络服务、移动通信、信息服务、现代物流;后者则包括货运、金融、中介服务、房地产等。其本质都是以知识的生产、应用和传播为主要特征的知识型服务业。按照服务的要素密集度来划分,服务可以划分为劳动密集型服务、文化自然资源密集型服务、资本密集型服务,以及技术知识密集型服务。一般认为传统服务业多为劳动密集型或文化自然资源密集型服务业,如餐饮、劳务输出及旅游等;而现代服务业则多以资本及技术知识密集型为主。按照服务的消费对象特征来划分,服务又可以划分为消费性服务和生产性服务。前者是指消费者具有最终消费者性质,是一般传统服务业的服务领域;而后者是指消费者具有中间消费者的性质,是现代服务业的作用领域。当然,现代服务业有相当部分的服务是针对最终消费者的,但无论是从数量、种类和规模而言,这部分服务都不处于主导地位。也就是说,当代服务业结构正处于由工业化社会向后工业化社会过渡的阶段,服务业发展的主要动力仍然来自工业产品生产、流通过程的强大中间需求,只不过这种需求表现为企业对高人力资本含量、高技术含量、高附加值知识服务的偏好。而出现这种状况,原因是生产企业对知识服务需求的敏感性要高于最终消费者。也就是说,在工业化发展阶段,生产者竞争时间上要先于消费者选择权竞争,对知识服务的应用是生产者确立竞争优势越来越主要的来源。那么,服务业的竞争优势是如何培养和形成的呢?从供给角度来看,一方面,由于不同服务中的人力资本、劳动和实物资本三类构成要素所占比重不同,因此不同服务业优势的确立所对应的外在环境不同;另一方面,由于服务的不可感知性要求服务提供者具有企业形象、知名度优势以及创新优势。而从需求角度来看,服务的不可储存性要求服务提供者对服务需求能够进行有效管理。一方面,服务提供者必须设法使服务的生产能力尽可能具有弹性,在设施和人力资源上加以调节而不影响服务质量;另一方面,对于提供差异化服务产品的服务提供者而言,来自需求方面的规模是服务业确定规模经济的一个必要前提,而这种规模性必须依靠服务企业的无形资产和管理资源的规模使用来实现。迈克尔·波特(Michael Porter)在其《国家竞争优势》(*The Competitive Advantage of Nations*)一书中指出了一国产业参与国际竞争可以分为四个依次递进的阶段,即要素驱动阶段、投资推动阶段、创新推动阶段和财富推动阶段。在某一服务业行业中,新进入者、替代者、供应者、购买者和同业者五种力量决定了这一行业的竞争性质,而这一行业中的企业可以采取不同层次的竞争策略来树立竞争优势。一种是低成本竞争优势,来源于特殊的资源优势、采用新的降低成本的技术和生产方法、发展规模经济等;另一种是产品差异竞争优势,建立在通过对设备、技术、管理和营销等方面持续的投资和创新而创造出更能符合客户需求的差异产品之上。因此,一个持续有利于企业投资和创新的环境是企业获得较高层次的竞争优势的必要条件。

1.1.4 服务业国际化的迅速崛起

服务业在全球经济中取得的主导地位以及服务业将主导竞争优势为服务业国际化的崛起打好了扎实的基础。服务贸易、服务业 FDI 和服务外包都是以服务业为基础,服务业又以服务贸易、服务业 FDI 和服务外包为重要发展形式。服务贸易、服务业 FDI 和服务外包的快速发展是一个国家或地区服务业快速发展及其国际化的重要途径。具体而言,服务贸易是服务业国际化的主要形式,服务业 FDI 是服务业国际化的主要动力,服务外包是服务业国际化的主要业态。近年来,服务贸易、服务业 FDI 和服务外包的快速发展表明服务业国际化正在全球迅速崛起。

1.2 中国服务业整体水平现状

服务业的整体高水平发展是其国际化发展的前提与基础。服务业的国际化发展是服务业整体发展的一部分,对推动服务业整体发展水平起着至关重要的作用。了解我国服务业整体的发展水平有助于理解我国服务业国际化的水平和预测其未来发展趋势,为提高我国服务业国际化水平研究奠定基础。

1.2.1 服务业产出与就业

自进入 21 世纪以来,我国服务业发展势头迅猛,服务业增加值稳步攀升。根据联合国贸易和发展会议(UNCTAD)的统计数据,2000 年我国服务业增加值为4 643.99亿美元,而到 2012 年已经增加到 37 207.20 亿美元,规模接近 2000 年水平的 8 倍。2008 年金融危机前,服务业对于 GDP 的贡献率(即服务业增加值占 GDP 增加值的比重)虽然有波动,但是其总体趋势依然表现为上升。2000 年服务业对我国 GDP 的贡献率为 38.85%,到 2002 年迅速增长为 41.06%,到 2005 年下滑为40.51%,其后平缓增长,到 2007 年达到了 41.82%。2008 年受全球金融危机影响下降为 40.47%,2009 年恢复到 41.05% 的水平,2010 年为 43.20%,2011 年为43.41%,2012 年达到 44.60%(见图 1.1)。

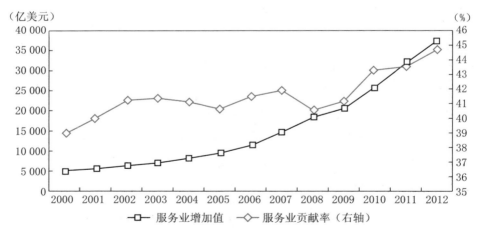

资料来源:UNCTAD 数据库(http://unctadstat.unctad.org/ReportFolders/reportFolders.aspx)。

图 1.1 我国服务业整体发展水平

虽然我国服务业发展迅速,但是在世界范围内来看依然处于很低的水平。从服务业增加值来看,我国服务业的规模约为美国的 1/4,与日本的差距虽然在逐渐缩小,但仍落后于日本。欧盟的服务业增加值和美国大致在同一量级上,约为 10.8 万亿美元(见图 1.2)。

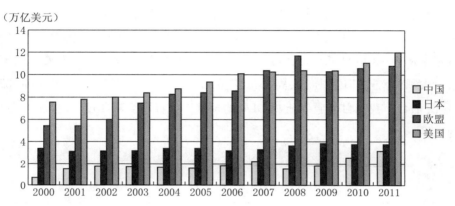

资料来源:UNCTAD 数据库(http://unctadstat.unctad.org/ReportFolders/reportFolders.aspx)。

图 1.2　我国服务业增加值与发达经济实体对比

　　从服务业对 GDP 的贡献率来看,我国服务业对经济的拉动能力低于全球平均水准。进入 21 世纪后,全球服务业对 GDP 的贡献率一直保持在 65% 到 70% 的水平,而发达国家更是高过 70% 的水平并稳步向 75% 的水平增长,即便是发展中国家,平均水平也略高于 50%。相比之下,我国服务业对 GDP 的贡献率则在 40% 左右,处于很低的水平(见图 1.3)。

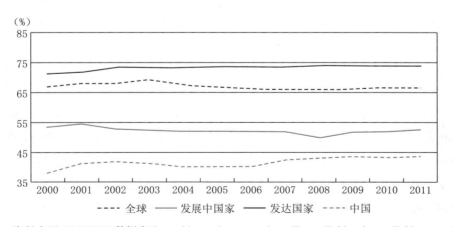

资料来源:UNCTAD 数据库(http://unctadstat.unctad.org/ReportFolders/reportFolders.aspx)。

图 1.3　全球服务业对 GDP 的贡献率

具体到国家与地区间的比较时，我国的情况更是不容乐观。进入 21 世纪后，美国服务业对 GDP 的贡献率从 75％增加到了 77％，并一直稳定在这个比率。欧盟和我国的东亚邻国日本也都增长到了 70％以上，其中欧盟 2011 年增加到了72.51％，日本为 71.82％。我国的另一个东亚邻国韩国的服务业对 GDP 贡献率从 2000 年的 55.89％增长到了 2011 年的 57.59％；而同为发展中国家和人口大国的南亚邻国印度也从 2000 年的 50.37％增加到了 2011 年的 56.37％（见图 1.4）。我国目前服务业对 GDP 的贡献率仅仅相当于印度 20 世纪 80 年代的水平。

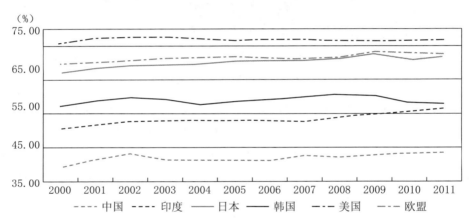

资料来源：UNCTAD 数据库(http://unctadstat.unctad.org/ReportFolders/reportFolders.aspx)。

图 1.4　部分国家和地区服务业对 GDP 的贡献率

从服务业与就业的关系来看，我国服务业就业人数占总就业人数的比重很低，服务业对于解决失业问题的贡献较小。由于我国对国民经济核算采用的是三次产业的划分方法，其中第三产业与服务业大体相当，因此在国民经济核算的实际过程中一般可将第三产业视同于服务业。我国第三产业就业人数占总就业人数的比重一直表现出上升的趋势，但仍然处于低水平状态。根据国研网统计数据，2000年，我国第三产业就业人数占总就业人数比重为 27.50％，2011 年增加到 35.71％（见图 1.5）。而根据世界银行的统计数据，2010 年，日本、德国、法国、英国、美国的服务业就业人数占总就业人数的比重分别为：69.7％、70％、74.4％、78.9％和

80.9％(见表 1.1)。可以看出,我国服务业吸纳就业人口的比重一直在上升,但是相比发达国家,其吸纳就业人口的能力还很弱。

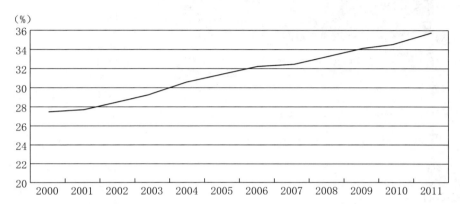

资料来源:国研网统计数据库(http://edu-data.drcnet.com.cn/web/OLAPQuery.aspx?databasename＝macro&cubeName＝new_year_country&channel＝1&nodeId＝29)。

图 1.5　我国第三产业就业人员数占总就业比重

表 1.1　部分发达国家服务业就业人数占总就业人数比重(％)

国家＼年份	2000	2001	2002	2003	2004	2005	2006	2007	2008	2009	2010
日　本	63.1	63.9	64.8	65.1	66	66.4	66.6	66.7	67.8	69	69.7
德　国	63.7	64.5	65.1	66.1	66.3	67.8	68.1	67.9	68.9	69.5	70
法　国	69.5	69.8	70.4	71	71.7	72.3	72.3	73.1	73.6	74	74.4
英　国	72.8	73.5	74.3	75.3	76.3	76.2	76.4	76	76.6	78.7	78.9
美　国	74.3	75	75.6	77.5	77.6	77.8	77.7	78	78.6	80.9	80.9

资料来源:世界银行数据库(http://data.worldbank.org/)。

1.2.2　服务业结构

从我国第三产业中各部门产业的增加值来看,我国服务业的结构还比较落后,服务产出中传统产业所占比重较大。批发和零售业、交通运输、仓储和邮政业等传统服务产业所占比重较大,紧随其后的是房地产业和金融业。住宿和餐饮业所占比重最小(见图 1.6)。

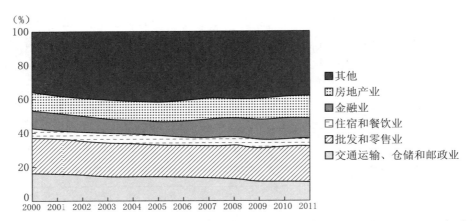

资料来源：根据国研网统计数据库数据整理（http://edu-data.drcnet.com.cn/web/OLAPQuery.aspx? databasename = macro&cubeName = new_year_country&channel = 1&nodeId=29)。

图 1.6　我国第三产业各部门产业所占比例

　　具体来看，批发和零售业一直维持在 20％左右的水平，2000 年为 21.07％，2011 年为 21.2％；交通运输、仓储和邮政业所占比重由 2000 年的 15.91％逐步下降到 2011 年的 10.7％；房地产业从 2000 年的 10.72％上升到 2011 年的 13％；金融业 2000 年占 10.56％，先降后升，2011 年为 12.2％；住宿和餐饮业则从 2000 年的 5.54％下降到 2010 年的 4.5％。

　　我国的服务产业结构基本稳定。像交通运输、仓储和邮政业，批发和零售业这些传统服务产业所占比重有所下降；房地产业、金融业等资本密集型的服务业所占比重有所提高，但是幅度不大；住宿和餐饮业则基本维持在 5％左右的水平，产业结构有待改善。

1.3　中国服务业国际化水平现状

　　服务业国际化的发展程度主要可以用国际服务贸易和服务业跨国直接投资来衡量。近年来，在服务业全球化发展中，服务外包的迅猛发展无疑是最为引人瞩目的现象,也代表了未来服务业国际化发展的趋势,成为推动全球服务业国际化不可忽视的力量。因此可以从我国的国际服务贸易、服务业跨国直接投资和服务外包三个方面来衡量我国的服务业国际化发展水平现状。

1.3.1　服务贸易

本节从我国服务贸易进出口、内部结构和竞争力三方面来对我国服务贸易现状进行研究。

1. 服务贸易进出口

我国服务贸易起步于 20 世纪 80 年代,但真正的发展阶段则要从 1994 年《关贸总协定》签订后算起。

从图 1.7 和表 1.2 中可以看出,1982 年以来,我国服务贸易进出口基本保持高速增长的态势,占世界服务贸易的比重也平稳上升。分别受到 1997 年和 2008 年金融危机影响,1999 年和 2009 年我国服务贸易进出口出现较大滑落。之后世界经济复苏及在国家宏观调控作用下,我国经济形势得到扭转,服务贸易状况也迅速回稳。

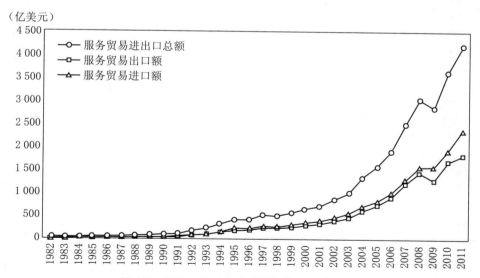

图 1.7　1982—2011 年我国服务贸易发展总况

表 1.2　1982—2011 年我国服务贸易进出口情况

年份	中国进出口额			中国出口额			中国进口额		
	金额(亿美元)	增幅(%)	占世界比重(%)	金额(亿美元)	增幅(%)	占世界比重(%)	金额(亿美元)	增幅(%)	占世界比重(%)
1982	44	—	0.6	25	—	0.7	19	—	0.5
1983	43	−2.3	0.6	25	0.0	0.7	18	−5.3	0.5
1984	54	25.6	0.7	28	12.0	0.8	26	44.4	0.7
1985	52	−3.7	0.7	29	3.6	0.8	23	−11.5	0.6
1986	56	7.7	0.6	36	24.1	0.8	20	−13.0	0.4
1987	65	16.1	0.6	42	16.7	0.8	23	15.0	0.4
1988	80	23.1	0.7	47	11.9	0.8	33	43.5	0.5
1989	81	1.3	0.6	45	−4.3	0.7	36	9.1	0.5
1990	98	21.0	0.6	57	26.7	0.7	41	13.9	0.5
1991	108	10.2	0.6	69	21.1	0.8	39	−4.9	0.5
1992	183	69.4	1.0	91	31.9	1.0	92	135.9	1.0
1993	226	23.5	1.2	110	20.9	1.2	116	26.1	1.2
1994	322	42.5	1.5	164	49.1	1.6	158	36.2	1.5
1995	430	33.5	1.8	184	12.2	1.6	246	55.7	2.1
1996	430	0.0	1.7	206	12.0	1.6	224	−8.9	1.8
1997	522	21.4	2.0	245	19.0	1.9	277	23.8	2.2
1998	504	−3.4	1.9	239	−2.5	1.8	265	−4.5	2.0
1999	572	13.5	2.1	262	9.6	1.9	310	17.0	2.3
2000	660	15.4	2.2	301	15.2	2.0	359	15.8	2.5
2001	719	9.0	2.4	329	9.1	2.2	390	8.8	2.6
2002	855	18.9	2.7	394	19.7	2.5	461	18.1	3.0
2003	1 013	18.5	2.8	464	17.8	2.5	549	19.0	3.1
2004	1 337	32.0	3.1	621	33.8	2.8	716	30.5	3.4
2005	1 571	17.5	3.2	739	19.1	3.0	832	16.2	3.5
2006	1 917	22.0	3.5	914	23.7	3.2	1 003	20.6	3.8
2007	2 509	30.9	3.8	1 217	33.1	3.6	1 293	28.8	4.1
2008	3 045	21.4	4.1	1 464	20.4	3.8	1 580	22.2	4.4
2009	2 867	−5.8	4.3	1 286	−12.2	3.8	1 581	0.1	4.9
2010	3 624	26.4	5.0	1 702	32.4	4.6	1 922	21.5	5.5
2011	4 189	15.6	5.2	1 824	7.1	4.4	2 365	23.0	6.0

注:遵循 WTO 有关服务贸易的定义,中国服务进出口数据不含政府服务。
资料来源:WTO 国际贸易统计数据库(International Trade Statistics Database),中国商务部网站。

　　2011 年中国服务贸易继续保持增长势头,服务进出口总额首破 4 000 亿美元,再创历史新高。2011 年,出口和进口继续稳居世界前列,进出口以及出口、进口世界排名与上年持平,其中中国服务贸易进出口总额继续位居世界第四位(前三位依次为美国、德国、英国),出口居世界第四位(前三位依次为美国、英国、德国),进口居世界第三位(前二位依次为美国、德国)。同时,2011 年我国服务贸易出口增幅回落,进口保持较快增长:服务出口 1 824.3 亿美元,由上年的增长 32.4% 转为增长 7.1%;服务进口 2 365.3 亿美元,增幅由上年的 21.5% 上升至 23.0%。

　　值得注意的是,一直以来,我国服务贸易出口和服务贸易进口呈现出不同的发展态势,进口增长明显快于出口,服务贸易进出口逆差不断扩大。2011 年,中国服务贸易逆差由上年的 219.3 亿美元扩大至 541 亿美元,同比增长接近 1.5 倍。近年统计表明,逆差主要集中于运输服务、旅游服务、保险服务及技术专利使用费和特许费等服务类别;其他商业服务、建筑服务、咨询服务、计算机和信息服务则实现较大数额顺差。

　　服务贸易逆差持续扩大的原因,一方面是中国加入世贸组织后扩大开放、进口增加,更重要的另一方面是,中国服务贸易竞争力与主要发达国家存在着明显的差距,传统服务贸易比较优势减弱,新兴生产性服务贸易缺乏竞争力。

　　2. 服务贸易结构分析

　　随着科学技术的进步和经济全球化的深入,全球服务贸易结构正在发生深刻的变化,以信息技术为依托的服务贸易正越来越广泛地渗透到全球经济活动中。我国服务贸易主要集中在运输、旅游及建筑等传统部门,占服务贸易比重超过 60%。2011 年,运输贸易占比 27.7%,旅游贸易占比 28.9%,建筑服务贸易占比 4.4%。但是从图 1.8 中可以发现,服务贸易结构也正发生着微妙的变化:1998 年开始,运输贸易占比总体呈现上升趋势,但是增速减缓;2002 年开始,旅游贸易比重逐年下滑;建筑服务贸易总体比重缓慢上升;现代服务贸易在 2004 年开始稳步上升,发展势头良好。

　　从具体行业来看,现代服务贸易包括通信、金融、保险、计算机和信息、咨询、技术专利使用费和特许费、咨询、电影及其他商业服务等。从表 1.3 中可以发现,2011 年,我国现代服务贸易出口各个行业都有增长,尤其是通信、保险、计算机和信息服务都保持相当增长速度增长。进口方面,通讯服务和金融服务出现负增长,计算机、保险及技术专利使用费和特许费服务继续增长。

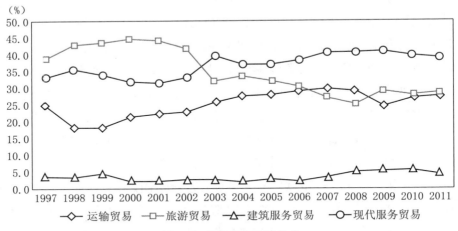

图 1.8　我国服务贸易结构

表 1.3　2011 年我国部分现代服务贸易

行　　业	进出口额 （亿美元）	占服务 贸易比 重（%）	出口额 （亿美元）	增幅 （%）	进口额 （亿美元）	增幅 （%）
通信服务	27.3	1.5	16.9	38.5	10.4	−8.3
保险服务	231.2	12.7	33.5	93.8	197.7	25.5
金融服务	14.9	0.8	8.0	−0.4	6.9	−50.0
计算机和信息服务	160.2	8.8	121.7	31.5	38.5	30.0
技术专利使用费和特许费服务	154.6	8.5	8.3	0.0	146.3	12.2

资料来源：世界贸易组织数据库。

3. 服务贸易竞争力分析

我国服务贸易结构仍以传统部门为主，这从另一个角度说明我国服务贸易是国际分工体系中按照比较优势原则发展而成的，换言之，我国服务贸易竞争力弱，现代服务产业在国际竞争中处于比较劣势。本书采用 RCA 指数和 TC 指数分析我国服务贸易竞争力。

(1) 显示性比较优势指数（RCA 指数）。

国家某一产业在贸易上的比较优势可以用显示性比较优势指数（revealed

comparative advantage index,简称 RCA 指数)表示,RCA 指数旨在定量描述一个国家内部各个产业相对的出口表现,用来衡量一国的产品或者产业在国际市场上的竞争力,用公式表示为:

$$RCA_{ij} = \frac{X_{ij}/X_{it}}{X_{wj}/X_{wt}}$$

RCA_{ij} 表示 i 国第 j 种产业的显示性比较优势指数。X_{ij} 表示 i 国第 j 种产业的出口值,X_{it} 表示 i 国所有产业的出口值,X_{wj} 表示世界第 j 种产业的出口值,X_{wt} 表示世界所有产业的出口值。当 RCA 指数大于 2.5 时,说明该产业具有很强的竞争力;当 RCA 指数介于 1.25 和 2.5 之间时,说明该产业具有中等竞争水平;当 RCA 指数小于 0.8 时,说明该产业竞争力较弱。

本书选取美国、英国、德国、日本 4 个国家 2007 年至 2011 年服务贸易整体 RCA 指数,与我国服务贸易整体 RCA 指数比较,分析我国与这些国家的服务贸易竞争力的差距。服务贸易整体 RCA 指数可以反映一国服务贸易在全球服务贸易中的竞争力,计算方式为某国服务贸易出口占该国货物和服务贸易出口比重与世界服务贸易出口占世界货物和服务贸易出口比重的比值。表 1.4 反映了中国与主要服务贸易大国的 RCA 指数。

表 1.4　中国与主要服务贸易大国 RCA 指数比较

年份	中国	德国	日本	美国	英国
2007	0.462 0	0.717 0	0.769 2	1.490 6	2.005 4
2008	0.482 5	0.764 1	0.820 0	1.499 4	1.972 6
2009	0.451 1	0.786 2	0.831 0	1.480 6	1.895 2
2010	0.492 5	0.790 1	0.772 0	1.486 4	1.912 0
2011	0.471 6	0.789 8	0.794 2	1.515 8	1.971 3

资料来源:根据世界贸易组织数据库计算而得。

从表 1.4 中可以看出,中国的 RCA 指数不到 0.5,且指数变化幅度不大,而进出口总额排在中国之前的三个国家美国、德国和英国,其 RCA 指数都高于中国,尤其是美国和英国,指数都大于 1。即使排名在中国后面的日本 RCA 指数也高于中国,可见中国与世界服务贸易竞争实力相差悬殊,在国际服务贸易领域中处于比较劣势地位。

服务贸易整体 RCA 指数低,与服务贸易内部各行业的比较优势相关。下面从行业角度考察我国服务贸易传统部门和新兴部门的 RCA 指数,具体计算方式为我国某行业出口值占我国服务贸易出口比重与世界某行业出口值占世界服务贸易出口比重的比值。结果如表 1.5 所示。

表 1.5 2007—2011 年我国服务贸易各行业 RCA 指数

行　　业	2007	2008	2009	2010	2011
运输服务	1.149 6	1.133 0	0.915 8	0.956 7	0.946 1
旅游服务	1.199 4	1.117 9	1.209 4	1.065 9	1.038 6
建筑服务	1.772 3	2.484 5	2.560 7	3.392 0	3.321 0
通信服务	0.399 0	0.423 0	0.343 8	0.287 0	0.377 6
保险服务	0.334 4	0.435 6	0.531 3	0.471 5	0.889 1
金融服务	0.021 9	0.027 6	0.045 0	0.106 7	0.058 8
计算机和信息服务	0.759 7	0.821 1	0.890 6	0.947 2	1.115 0
技术专利使用费和特许费服务	0.050 4	0.069 3	0.052 7	0.077 2	0.070 8

资料来源:根据世界贸易组织数据库计算而得。

从表 1.5 中可以看出,我国传统贸易包括运输服务、旅游服务和建筑服务存在明显的竞争优势。运输服务和旅游服务的 RCA 指数近年来略有下降,但较其他现代服务贸易部门仍具有明显的比较优势;而建筑服务的 RCA 指数则有上升,2010年开始,建筑服务 RCA 指数保持在 3 以上,说明其非常具有国际竞争力。现代服务贸易部门中计算机和信息服务 RCA 指数最高,2011 年该指数超过 1,成为现代服务贸易最具发展潜力的部门。通信服务和保险服务的 RCA 指数基本保持在 0.3以上,并且总体有上升。金融服务和技术专利使用费和特许费服务 RCA 指数接近0,在国际竞争中处于绝对劣势。

(2) 贸易优势指数(TC 指数)。

贸易优势指数也称贸易竞争力指数(简称 TC 指数),是指一国某一产业或商品进出口贸易额的差额占进出口贸易总额的比重,用公式表示为:

$$TC = \frac{X - M}{X + M}$$

X 表示某产业或商品的出口额，M 表示某产业或商品的进口额。TC 指数是一个相对值，剔除了通过膨胀、经济波动等宏观方面的影响，无论进出口绝对量多少，其值介于 -1 和 1 之间，且不同国家之间具有可比性。若该国 TC 指数小于 0，说明该国是产品或服务的净进口国家，竞争优势小；若该国 TC 指数大于 0，说明该国是产品或服务的净出口国，竞争优势大。TC 指数越接近 1，则竞争力越强；TC 指数越接近 -1，竞争力越弱；TC 指数接近 0，则说明其竞争优势与国际水平相当。

表 1.6　我国与主要服务贸易大国 TC 指数

年份	中国	德国	日本	美国	英国
2007	-0.030 3	-0.087 0	-0.078 3	0.166 8	0.187 1
2008	-0.038 0	-0.073 1	-0.066 6	0.165 5	0.180 7
2009	-0.102 9	-0.058 0	-0.077 4	0.168 9	0.207 6
2010	-0.060 5	-0.059 2	-0.057 4	0.179 9	0.212 1
2011	-0.129 1	-0.065 8	-0.075 7	0.190 1	0.232 6

资料来源：根据世界贸易组织数据库计算而得。

从表 1.6 中可以看出，中国服务贸易 TC 指数小于 0，且波动幅度大；美国和英国 TC 指数均大于 0，并且呈现上升趋势；德国和日本 TC 指数虽然小于 0，但波动幅度小。长期以来，我国服务贸易处在逆差，并且逆差持续扩大，实际上反映了我国服务贸易处于竞争劣势的处境，且易受国际形势影响。

表 1.7　2007—2011 年我国服务贸易各行业 TC 指数

行　　业	2007	2008	2009	2010	2011
运输服务	-0.160 2	-0.134 2	-0.328 0	-0.298 0	-0.386 3
旅游服务	0.111 1	0.060 9	-0.048 3	-0.090 0	-0.198 0
建筑服务	0.297 7	0.406 1	0.234 5	0.481 6	0.595 3
通信服务	0.041 2	0.019 5	-0.005 0	0.035 2	0.236 9
保险服务	-0.843 7	-0.804 2	-0.752 7	-0.802 4	-0.710 5
金融服务	-0.415 5	-0.284 9	-0.248 5	-0.020 6	0.070 3
计算机和信息服务	0.326 1	0.327 8	0.336 5	0.514 8	0.519 0
技术专利使用费和特许费服务	-0.919 6	-0.895 1	-0.925 4	-0.880 3	-0.892 6

资料来源：根据世界贸易组织数据库计算而得。

从表 1.7 中可以看出,2007—2011 年间,运输服务 TC 指数小于 0,说明虽然运输服务是我国服务贸易的重要支柱,但是其竞争力依然薄弱;旅游服务 TC 指数从 2009 年开始从正值变为负值,预示着我国旅游服务的竞争优势正在减弱;建筑服务 TC 指数大于 0,且呈上升趋势,说明其竞争力正在逐渐增强;通信服务 TC 指数基本保持正值,并在 2011 年达到峰值,说明通信服务贸易逐渐显现出其竞争力;保险服务、金融服务和技术专利使用费和特许费服务 TC 指数基本上都小于 0,总体上处在竞争劣势;计算机和信息服务 TC 指数 5 年间均大于 0,并且逐年上升,但还未达到 0.8。在现代服务贸易各部门里,计算机和信息服务是竞争力相对较强的部门,该部门正成为我国现代服务贸易的重要领域。

4. 结论

通过本节分析可以得到以下结论:

第一,从总体看,我国服务贸易发展仍然相对滞后,服务贸易发展与我国经济地位和发展速度不相符。欧美发达国家在服务贸易方面具有绝对优势,虽然我国服务贸易在数量上占据国际市场相当的份额,但质量上与国际竞争水平相差悬殊,国际竞争力不足。

第二,从服务贸易结构来看,我国服务贸易结构层次低,集中在运输、旅游和建筑等传统服务贸易部门,资本、知识和技术密集型的高附加值生产性服务贸易发展滞后,水平不高,处在竞争劣势地位。我国服务贸易受国际形势冲击明显,与其多元化程度不够有关。

第三,从竞争优势变化情况来看,传统服务贸易如运输服务和旅游服务的竞争优势开始减弱,部分现代服务贸易尤其是计算机和信息服务的竞争优势明显增强。这一变化是优化我国服务贸易结构、提高服务贸易国际竞争力的推动力。

1.3.2 服务业 FDI

1. 我国服务业"引进来"和"走出去"

在改革开放初期,我国引进外资主要投放在制造业上,服务业所占比例非常小。20 世纪 90 年代末期以来,服务业吸引的国际直接投资开始逐年增多。进入 21 世纪后,在我国实际利用 FDI 金额中,服务业实际利用额所占比重稳定在 20%

以上的水平。2004 年,我国实际利用 FDI 金额为 606.30 亿美元,其中服务业为 140.53 亿美元,所占比重为 23.18%。2005 年服务业实际利用 FDI 略有增长,达到了 149.14 亿美元,所占比重提升为 24.72%。2006、2007 两年是服务业实际利用 FDI 飞速增长的两年。尤其是 2007 年,服务业实际利用 FDI 的金额猛增至 309.83 亿美元,所占比重更是达到了 41.44%,增长了近 10 个百分点。2008 年服务业实际利用的 FDI 增速不及总体增速,金额增至 379.48 亿美元,比重略降为 41.07%。2009 年,服务业实际利用 FDI 的金额增加至 385.28 亿美元,比重升为 42.79%,增幅不大,但在 2010 年其又表现出了强劲的增长势头,金额增至 499.63 亿美元,比重达到了 47.25%,接近 50% 的水平(见图 1.9)。与此同时,受到金融危机的影响,全球范围内服务业的跨国投资规模大幅缩水,2009 年金额降到了 3 920 亿美元,约占全部跨国投资的 33%,到 2010 年仅为 3 380 亿美元,比重降到了 30% 左右,远低于危机前水平(2006 年全球服务业跨国直接投资流量占总流量估计值的 62%)。

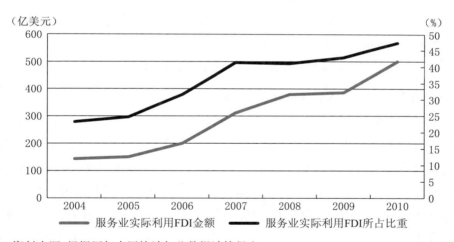

资料来源:根据历年中国统计年鉴数据计算得出。

图 1.9　我国服务业实际利用 FDI 金额与其所占比重

相比我国实际利用 FDI,我国对外直接投资中服务业所占的比重非常高。2004 年我国对外直接投资金额为 55 亿美元,其中投资在服务业的金额为 25.27 亿美元,占总的对外直接投资的 45.96%。2005 年服务业对外直接投资额达到了 81.11 亿美元,所占比重上升到了 66.15%。2006 年对外直接投资总体规模急速扩张,服务业投资额虽上升为 113.81 亿美元,比重却下降为 53.77%。到全球金融危机爆发的 2008 年,我国的服务业对外直接投资达到了一个峰值,为 460.99 亿美元,所占比重高达 82.46%。2009 年受金融危机影响,服务业对外直接投资额和比重都有所下降,到 2010 年投资额增加为 552.64 亿美元,比重恢复到 80.31%(见图 1.10)。

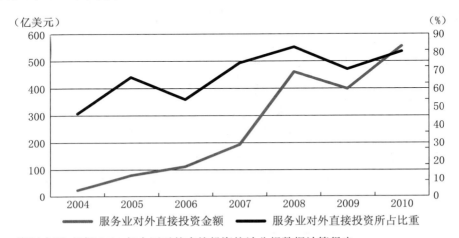

资料来源:根据 2010 年中国对外直接投资统计公报数据计算得出。

图 1.10　我国服务业对外直接投资金额与其所占比重

2.服务业 FDI 流入和流出的国际比较

(1)服务业 FDI 流入。

全球主要的 FDI 流入国在服务业 FDI 流入流量上出现的波动很大,而我国则基本保持着增长的态势。表 1.8 列出了中国和 6 个 OECD 主要成员国服务业 FDI 流入流量,图 1.11 则显示了其变化趋势。可以看出,美国、英国、法国和德国是服务业 FDI 主要流入国。其中,美国的服务业 FDI 流入流量波动很大,基本呈现出奇数年低、偶数年高的势态,总体趋势还是在波动中略有上升。并且其服务业 FDI 流入规模很大,即便是处于低谷的 2005 年依然达到了 423.5 亿美元,高于我国 2009 年的 385.28 亿美元,略低于 2010 年的 499.62 亿美元。英国在 2007 年超过了当时处于低谷的美国,吸引服务业 FDI 流入流量达到 1 337.34 亿美元,位列当年第一,法国以 971.44 亿美元紧随其后,美国位列第三。2007 年后英法两国服务业吸引的 FDI 流入流量锐减,到 2009 年金额均略低于我国,分别为 328.94 亿美元和 377.08 亿美元。德国的情况与法国类似,但是平均规模小于法国,且在 2004 年出现过服务业 FDI 流入流量为负值的情况。西班牙在 2007 年以前基本和我国持平,但在 2007 年后迅速下滑,在 2009 年服务业吸引的 FDI 流入流量为负值。日本服务业 FDI 流入流量则一直低于我国,在 2006 年也出现了流入流量为负的情况。在 2008 年金融危机爆发后,上述国家中只有我国服务业吸引的 FDI 流入流量还保持着平稳的上升势头,但是规模依然难以与美国相比,也低于危机前英、法、德三国的水平。

表 1.8　2004—2009 年我国与部分国家服务业 FDI 流入流量(亿美元)

国　家	2004	2005	2006	2007	2008	2009
中　国	140.53	149.14	199.15	309.83	379.48	385.28
美　国	1 099.77	423.50	1 216.52	763.80	1 942.96	839.35
日　本	12.56	48.41	−73.29	205.37	209.09	81.44
法　国	246.28	631.17	572.74	971.44	494.80	377.08
英　国	457.66	325.63	1 265.79	1 337.34	508.48	328.94
德　国	−88.16	390.96	505.89	705.01	377.89	302.60
西班牙	43.77	107.67	238.27	240.59	61.30	−110.10

资料来源:根据历年中国统计年鉴和 OECD 数据库数据整理(http://stats.oecd.org/index.aspx?)。

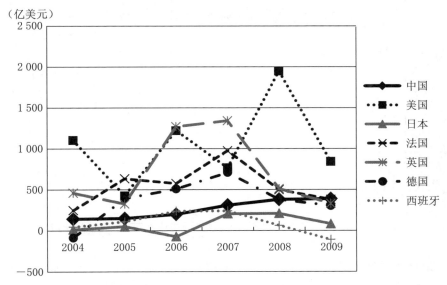

资料来源:根据历年中国统计年鉴和 OECD 数据库数据整理(http://stats.oecd.org/index.aspx?)。

图 1.11　2004—2009 年我国与部分国家服务业 FDI 流入流量

图 1.12 直观地描述了上述 7 个国家引入的服务业 FDI 在 FDI 总体流入流量中的比重。①虽然德国服务业 FDI 流入流量金额低于美国、英国和法国,但是其服务业 FDI 流入占总 FDI 流入的比重一直保持着较高的水平(需注意 2004 年服务业和总体的 FDI 流入流量均为负值),在 2008 年其他行业吸引外商投资受到重创,流入流量为负值的情况下,其服务业 FDI 的流入流量甚至达到了总体 FDI 流入流量的 142.96%。日本在 2005 年、2006 年也出现过服务业 FDI 超过总体 FDI 流入流量的情况。法国、英国和美国 FDI 流入流量中服务业所占比重有所波动,但基本高于我国水平(美国 2007 年除外)。西班牙自 2006 年起服务业 FDI 流入比重就不断下滑,且下滑势头愈演愈烈。

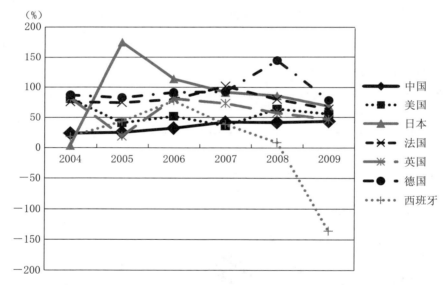

资料来源:根据历年中国统计年鉴和 OECD 数据库数据整理(http://stats.oecd.org/index.aspx?)。

图 1.12　2004—2009 年我国与部分国家服务业占 FDI 流入流量比重

2008 年后除我国外,上述各国服务业 FDI 流入减少不仅体现在金额上,也体现在其所占比重上。我国虽然保持了上升的势头,但距离美、英、德、法等发达国家

①　除中国外其他 6 国均采用 OECD 数据,与 UNCTAD 数据略有不同。

仍然有一定差距,更难以与这 4 国在危机前的水平相比。如何利用这次危机中带来的机遇和资金发展我国服务业,并在其他国家渐渐走出危机后保持对服务业 FDI 的吸引力,将是我国面临的一个重要问题。

（2）服务业 FDI 流出。

从服务业 FDI 流出流量的角度来比较我国与其他国家服务业对外直接投资时,可以发现情况与流入流量较为相似（见图 1.13）。美国、英国和法国是服务业对外直接投资的主要来源国。并且在 2008 年后除了德国外,其他国家的服务业 FDI 流出流量均有下滑。我国服务业 FDI 流出流量接近法国的水平,高于德国,2009 年略有下降但是超过了英法两国,仅次于美国,但规模仅为美国的 60％ 左右。英国,法国和德国保持了比较一致的波动趋势,在 2005 年和 2007 年出现两个波峰。日本与西班牙和英、法、德三国波动趋势较为接近,总体规模均小于我国。

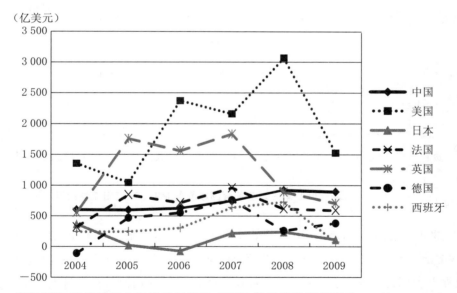

资料来源:根据历年中国统计年鉴和 OECD 数据库数据整理（http://stats.oecd.org/index.aspx?）。

图 1.13　2004—2009 年我国与部分国家服务业占 FDI 流出流量

图 1.14 给出了我国和 6 个 OECD 主要成员国服务业占 FDI 流出流量的比重。

除美国因为 2005 年服务业 FDI 流出流量呈现负值(根据美国经济研究局数据,主要是对非银行控股公司的大幅撤资导致),导致总体 FDI 流出流量大幅下降而出现了一个明显的离群值(-192.11%)外,其他年份各个国家的数据波动显示出了较高的一致性。西班牙和英国在 2009 年由于其他行业对外直接投资的颓势,服务业 FDI 流出流量超过了总体流出流量,分别达到了 150.17% 和 134.49%。我国则位于美国和德国之间,为 70.36%。

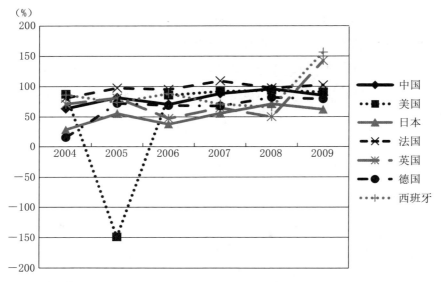

资料来源:根据历年中国统计年鉴和 OECD 数据库数据整理(http://stats.oecd.org/index.aspx?)。

图 1.14　2004—2009 年我国与部分国家服务业占 FDI 流出流量比重

2008 年金融危机之后,全球对服务业的跨国投资水平大幅下降,在这种趋势下和几个 OECD 主要的服务业 FDI 流出国家相比,我国服务业 FDI 的流出流量在数据上表现还是较为引人瞩目的。我国服务业 FDI 流出流量在总量上仅次于美国,占本国总体 FDI 流出流量的比重也高于 70% 的水平,与法国、德国等发达国家旗鼓相当。

3. 服务业 FDI 分行业流入和流出

为了解我国服务业利用 FDI 和对外直接投资的结构,需对我国服务业 FDI 流入和流出情况进行分行业的具体分析。

（1）服务业 FDI 分行业流入。

表 1.9 列出了 2004—2010 年我国服务业实际利用 FDI 金额的分行业情况（以 2010 年金额由大到小排列）。可以看出，房地产业一直是我国服务业中实际利用 FDI 金额最大的行业，所占比重在 2007 年甚至超过了服务业利用 FDI 金额 50% 的水平，在 2010 年为 48.01%。这在一定程度上反映了近几年房价上涨引起国

表 1.9 2004—2010 年我国服务业实际利用 FDI 金额（万美元）

行　　业	2004	2005	2006	2007	2008	2009	2010
房地产业	595 015	541 807	822 950	1 708 873	1 858 995	1 679 619	2 398 556
租赁和商务服务业	282 423	374 507	422 266	401 881	505 884	607 806	713 023
批发和零售业	73 959	103 854	178 941	267 652	443 297	538 980	659 566
信息传输、计算机服务和软件业	91 609	101 454	107 049	148 524	277 479	224 694	248 667
交通运输、仓储和邮政业	127 285	181 230	198 485	200 676	285 131	252 728	224 373
居民服务和其他服务业	15 795	26 001	50 402	72 270	56 992	158 596	205 268
科学研究、技术服务和地质勘查业	29 384	34 041	50 413	91 668	150 555	167 363	196 692
金融业	25 248	21 969	29 369	25 729	57 255	45 617	112 347
住宿和餐饮业	84 094	56 017	82 764	104 165	93 851	84 412	93 494
水利、环境和公共设施管理业	22 911	13 906	19 517	27 283	34 027	55 613	90 859
文化、体育和娱乐业	44 776	30 543	24 136	45 109	25 818	31 756	43 612
卫生、社会保障和社会福利业	8 738	3 926	1 517	1 157	1 887	4 283	9 017
教育	3 841	1 775	2 940	3 246	3 641	1 349	818
公共管理和社会组织	180	370	707	44	0	1	0
服务业实际利用 FDI 总金额	1 405 258	1 491 400	1 991 456	3 098 277	3 794 812	3 852 817	4 996 292
实际利用 FDI 总金额	6 063 000	6 032 500	6 302 100	7 476 800	9 239 500	9 003 272	10 573 500
服务业实际利用 FDI 所占比重	23.18%	24.72%	31.60%	41.44%	41.07%	42.79%	47.25%

资料来源：根据历年中国统计年鉴数据计算得出。

际热钱大量涌入,涌入的热钱又继续推高房价的情况。其次是租赁和商务服务业,其增长势头相比房地产业较为稳定,2010 年其所占比重为 14.27%。紧随其后的是批发和零售业,其发展势头非常迅猛,2004 到 2010 年年均增长率达到了45.3%,2010 年其所占比重为 13.20%。其他行业占服务业实际利用 FDI 的比重较小,均不足 5%。以 2010 年流量计算其比重,依次为信息传输、计算机服务和软件业(4.98%),交通运输、仓储和邮政业(4.49%),居民服务和其他服务业(4.11%),科学研究、技术服务和地质勘查业(3.94%),金融业(2.25%),住宿和餐饮业(1.87%),水利、环境和公共设施管理业(1.82%),文化、体育和娱乐业(0.87%),卫生、社会保障和社会福利业(0.18%),教育(0.02%),公共管理和社会组织未达到0.01%的水平(见图 1.15)。

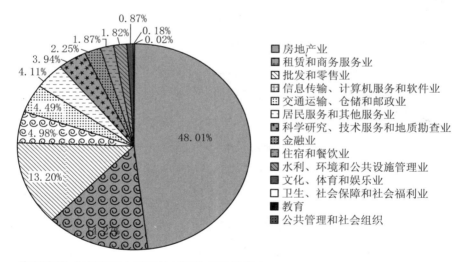

资料来源:根据历年中国统计年鉴数据计算得出。

图 1.15　2010 年我国服务业各行业实际利用 FDI 所占比重

(2)服务业 FDI 分行业流出。

表 1.10 列出了 2004—2010 年我国服务业对外直接投资金额的分行业情况(以 2010 年金额由大到小排列)。租赁和商务服务业一直在服务业对外直接投资中占据着非常重要的比重。2008 年全球金融危机后,其规模扩张非常迅速,到2010 年金额已达 302.81 亿美元,占服务业对外直接投资的 54.79%,占我国对外直

接投资的 44％。2010 年金融业的对外直接投资规模仅次于租赁和商务服务业，2008 年达到峰值 140.48 亿美元，金融危机后缩水，2010 年为 86.27 亿美元，占服务业对外直接投资比重为 15.61％。批发和零售业自 2007 年后维持在 65 亿美元左右的水平，2010 年为 67.29 亿美元，占服务业对外直接投资比重为 12.18％。交通运输、仓储和邮政业位列第四，经过 2008 年、2009 年两年的低迷，2010 年恢复为

表 1.10　2004—2010 年我国服务业对外直接投资金额(万美元)

行　　业	2004	2005	2006	2007	2008	2009	2010
租赁和商务服务业	74 931	494 159	452 166	560 734	2 171 723	2 047 378	3 028 070
金融业	0	0	352 999	166 780	1 404 800	87 3374	862 739
批发和零售业	79 969	226 012	111 391	660 418	651 413	613 575	672 878
交通运输、仓储和邮政业	82 866	57 679	137 639	406 548	265 574	206 752	565 545
房地产业	851	11 563	38 376	90 852	33 901	93 814	161 308
科学研究、技术服务和地质勘查业	1 806	12 942	28 161	30 390	16 681	77 573	101 886
信息传输、计算机服务和软件业	3 050	1 479	4 802	30 384	29 875	27 813	50 612
居民服务和其他服务业	8 814	6 279	11 151	7 621	16 536	26 773	32 105
住宿和餐饮业	203	758	251	955	2 950	7 487	21 820
文化、体育和娱乐业	98	12	76	510	2 180	1 976	18 648
水利、环境和公共设施管理业	120	13	825	271	14 145	434	7 198
卫生、社会保障和社会福利业	1	0	18	75	0	191	3 352
教育	0	0	228	892	154	245	200
公共管理和社会组织	4	171	0	0	0	0	0
服务业对外直接投资金额	252 713	811 067	1 138 083	1 956 430	4 609 932	3 977 385	5 526 361
对外直接投资金额	549 799	1 226 117	2 116 386	2 650 609	5 590 717	5 652 899	6 881 131
服务业对外直接投资所占比重	45.96％	66.15％	53.77％	73.81％	82.46％	70.36％	80.31％

资料来源：根据 2010 中国对外直接投资统计公报数据计算得出。

56.55 亿美元,占服务业对外直接投资比重为 10.23%。其他行业所占规模较小,2010 年占服务业对外直接投资比重由大到小依次为房地产业(2.92%),科学研究、技术服务和地质勘查业(1.84%),信息传输、计算机服务和软件业(0.92%),居民服务和其他服务业(0.58%),住宿和餐饮业(0.39%),文化、体育和娱乐业(0.34%),水利、环境和公共设施管理业(0.13%),卫生、社会保障和社会福利业(0.06%)。教育、公共管理和社会组织均未达到 0.01% 的水平(见图 1.16)。

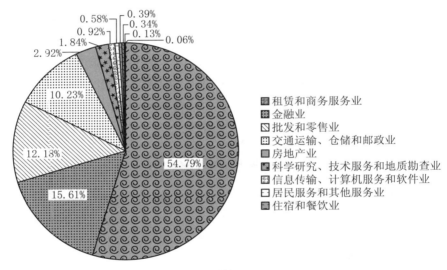

资料来源:根据历年中国统计年鉴数据计算得出。

图 1.16 2010 年我国服务业各行业对外直接投资所占比重

综上所述,我国对于服务业 FDI 的吸引能力还是比较强的,具备了一定的规模并保持了良好的发展势头。服务业中,房地产业实际利用 FDI 最多。金融危机给我国服务业吸引外资带来了契机,但是高端服务业和新兴服务业,例如金融业,信息传输、计算机服务和软件业利用外资的比重还很低,吸引外资的能力有待提高,我国服务业利用外资的结构还需要继续优化;从我国服务业对外直接投资角度来看,虽然我国对外投资起步晚,人均水平也较低,但已经跻身主要对外投资国家和地区之列,并且投资的服务化程度也很高。租赁和商务服务业对外投资所占比重最大、金融业位列其次。但是像信息传输、计算机服务和软件业这种科技主导的新兴服务业所占比重还很低,从一定程度上也反映了我国科技创新能力的不足。

1.3.3　服务外包

近年来,随着经济全球化的不断深入和国际产业结构的逐步调整,服务外包得到了迅速发展,成为服务业国际转移的主要趋势。服务外包可以更好地发挥各国的比较优势,提高世界范围内的资源配置效率,促进国家经济增长,已经成为发达国家和新兴市场国家所关注的热点。

"外包"对应的英文单词是 outsourcing,是 outside resource using 的缩写,指企业在充分发展自身核心竞争力的基础上,整合、利用外部最优秀的专业化资源,从而达到降低成本、提高生产效率、增加资金运用效率和增强企业对环境应变能力的一种业务运作方式。[①]关于服务外包的定义,目前尚未有统一定论。中国服务外包研究中心在 2007 年 9 月出版的《中国服务外包发展报告》中提出了较为权威的定义,认为服务外包是指将价值链中原本由自身提供的,对本企业来说具有基础性的、共性的、非核心的 IT 业务和基于 IT 的业务流程剥离出来,外包给企业外部专业服务提供商来完成的经济活动。2009 年财政部和商务部联合下发(财企[2009]44 号)的文件中,服务外包业务是指信息技术外包(ITO)、业务流程外包(BPO)和知识流程外包(KPO)。信息技术外包(ITO)是指企业向外部寻求并获得包括全部或部分信息技术类的服务,主要包括系统开发服务、系统操作服务和系统管理服务;业务流程外包(BPO)是把一个或多个 IT 密集型业务流程委托给一家外部提供商,让其拥有管理和控制选定的流程;知识流程外包(KPO)是指将公司内部具体的知识管理业务承包给外部专门的服务提供商(具体业务外包范围见表 1.11)。

---

① 王力、刘春生、黄育华:《中国服务外包发展报告(2010—2011)》,社会科学文献出版社 2011 年版,第 1 页。

表 1.11 服务外包分类与其业务范围

外包种类	细 分	业 务 范 围
信息技术外包（ITO）	系统开发服务	IT 应用系统开发 软件开发设计 其他系统开发服务等
	系统操作服务	银行数据、信用卡数据、各类保险数据、税务数据、法律数据的处理以及整合
	系统管理服务	企业应用系统的设计、升级、维护等活动
业务流程外包（BPO）	企业内部管理服务	提供企业内部管业务的数据分析、数据挖掘、数据管理、数据使用的服务 承接客户专业数据处理、分析和整合服务
	企业业务运作服务	提供技术研发服务、销售及批发服务、产品售后服务及其他业务流程环节服务等 为企业经营、销售、产品售后服务提供应用客户分析、数据库管理等服务
	供应链管理服务	为企业提供采购、运输、仓库、库存整体方案服务
知识流程外包（KPO）	研究类服务	商业研究/商务智能 市场研究 股票、金融及保险研究
	分析类服务	数据分析、财务分析、风险分析及数据挖掘等 数据管理 市场进入 建立—经营—移交 咨询服务 采购投标分析 行业及公司研究 跨文化 语言服务 本地化 供应商谈判
	其他类服务	SPO-销售流程外包 LPO-法律流程外包 工程及设计服务 设计,动画,模拟化服务 人力资源研究及支持 DSS-决策支持系统

资料来源:根据《中国服务外包发展报告(2010—2011)》整理。

　　根据服务外包业务是否跨国境,可分为离岸外包(off-shore outsourcing)和在岸外包(on-Shore outsourcing)。[①]其中离岸外包是指跨国境的服务外包,是服务业国际化发展的重要形式。

　　由于服务外包在概念和分类上难以与原有的官方统计体系相对应,民间机构的统计则大多仅为软件服务外包统计,缺乏统一的标准,不同机构间统计数据相差很大,因此很难得到准确的关于服务外包的数据。自2006年起,我国商务部先后出台了《关于实施服务外包"千百十工程"的通知》、《服务外包统计报表制度》等文件,开始逐步完善我国的服务外包统计制度。

　　近年来我国服务外包业务发展迅猛,总体规模增加速度很快。根据商务部统计数据,2007年我国服务外包合同执行金额仅仅为20.94亿美元,2010年已经增长到了198亿美元,规模扩大为2007年水平的9.5倍,其中2009年增速最快,为195.1%。服务外包中的离岸服务外包合同金额从2008年的58.4亿美元增加到了2010年的198.3亿美元,规模扩大至原来的3.4倍,2009年增速高达153.9%;执行金额从2008年的46.9亿美元增加到了2010年的144.5亿美元,规模扩大至原来的3.1倍,2008年增幅最大,为192.6%。从离岸服务承接量来看,我国已经成为全球第二大离岸服务外包目的地国家[②],仅次于印度。我国的服务外包企业数量和服务外包业务的从业人员增长也非常迅猛(见表1.12)。

表1.12　2007—2010年我国服务外包发展概况

年份	合同金额（亿美元）	执行金额（亿美元）	离岸合同金额（亿美元）	离岸执行金额（亿美元）	服务外包企业（家）	从业人员（万人）
2007	＊	20.94	＊	＊	1 731	42.70
2008	＊	＊	58.40	46.90	3 301	52.70
2009	200.10	138.40	147.70	100.90	8 950	154.70
2010	274.00	198.00	198.30	144.50	12 706	232.80

　　注:＊表示数据缺失。
　　资料来源:商务部公布数据和《中国服务外包发展报告(2010—2011)》。

---

① 还有一种分类方法,将跨国服务外包中发包给地理距离相近、文化习俗相近的国家和地区的业务称为近岸服务外包(near-shore outsourcing),其他的跨国外包称为离岸服务外包。
② 韦东:《我国服务外包业发展的现状、问题及对策》,《江苏商论》2011年第10期,第67—70页。

从图 1.17 和图 1.18 中可以看出,2009—2010 年我国服务外包无论是从合同金额还是从执行金额的角度来看,规模都有非常可观的增长,分别为 37% 和 43.1%;离岸服务外包业务占服务外包业务总量的比重均为七成左右,基本保持在 73% 的水平。

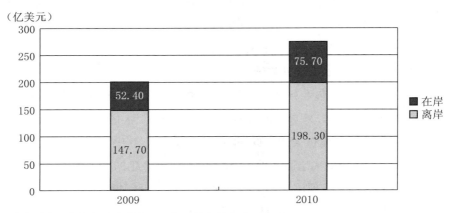

资料来源:商务部公布数据和《中国服务外包发展报告(2010—2011)》。

图 1.17　2009—2010 年我国服务外包在岸合同金额和离岸合同金额

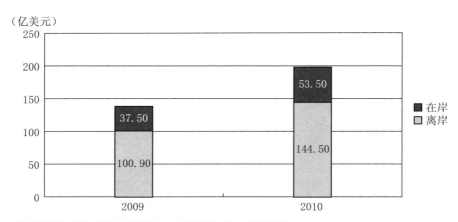

资料来源:商务部公布数据和《中国服务外包发展报告(2010—2011)》。

图 1.18　2009—2010 年我国服务外包在岸执行金额和离岸执行金额

从图 1.19 中可以看出,金融危机后的 2009 年是我国服务外包企业和从业人员数量增加最快的一年。并且在 2008 年后我国服务外包企业的增速要小于从业人员的增速,也反映了我国服务外包企业的平均规模正在扩大,综合实力正在增强。

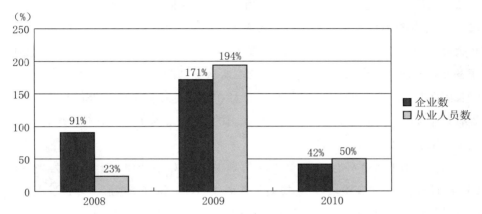

资料来源:商务部公布数据和《中国服务外包发展报告(2010—2011)》。

图 1.19 2008—2010 年我国服务外包企业数增速和从业人员数增速

要深入了解我国服务外包,尤其是离岸服务外包现状,需进一步分析我国服务外包的分类市场。

我国信息技术外包(ITO)相对于其他服务外包业务起步较早。根据商务部统计,2008 年我国离岸服务外包中,ITO 合同执行金额为 32.1 亿美元,占比为68.4%。2009 年我国软件与信息服务外包产业规模达到了 2 033.8 亿元,增幅为29.7%。此外,毛利率较高的欧美市场将逐渐取代毛利率较低的日韩市场,成为我国软件离岸服务外包市场的重要增长引擎(见表 1.13)。

表 1.13 2005—2007 年中国离岸软件外包市场构成(%)

	2005	2006	2007	2008	2009	2010	2011
日韩	62.1	55.8	51.6	49.1	46.4	44.2	42.2
欧美	27.4	35.8	40.5	43.6	46.9	49.6	52
其他	10.5	8.4	7.9	7.3	6.7	6.2	5.8

资料来源:《中国服务外包发展报告(2010—2011)》。

可以看出,ITO 占据了我国离岸服务外包的主体,并且发展势头良好。欧美市场将取代日韩市场成为我国离岸 ITO 业务的主要发包市场。

　　和国际成熟市场相比,目前我国 BPO 市场仍然处于发展的初期阶段。2008年我国离岸服务外包业务中,BPO 执行金额为 10.6 亿美元,占比为 22.6％。我国的 BPO 市场有着巨大的发展潜力。从全球离岸服务外包市场来看,ITO 市场规模较大,但是其增速却在逐渐下降,BPO 虽然市场小,但是其发展速度在稳步上升,服务外包转向技术含量更高,附加值更大,层次更高的 BPO 市场是大势所趋。同时我国还具备人力资源外包发展快,政府大力支持,金融财务流程外包业务发展快等有利于 BPO 市场发展的因素。但是我国的 BPO 市场还需要进一步培育,目前发展水平和速度均低于 ITO。

　　目前我国的服务外包业务主要还是集中于 ITO 和 BPO 市场,更为高端的KPO 市场还处于萌芽阶段,市场规模非常小,但 KPO 将是未来服务外包发展的方向。目前全球 KPO 产业已经从最初的 12 亿美元发展到拥有 100 亿—120 亿美元,年均增长率有望达到 30％—40％,其未来的发展更是不可限量。

第 2 章
中国服务业国际化水平提升的路径

路径为我国服务业国际化水平提升指明发展的方向。中国服务业国际化水平提升的路径为：以产业融合为突破口，以生产性服务业为依托，扩大服务业国际化的供给源。

2.1　生产性服务业的概念和特征

2.1.1　生产性服务业的概念界定

生产性服务业(producer services)，又称生产者服务业，最早由美国经济学家H.Greenfield(1966)提出。由于研究需要不同，学者和机构对生产性服务业的定义也不同，并且随着生产性服务业的日益发展，其定义也在发生变化。总体来看，生产性服务业的概念界定主要可以从要素密集程度和服务业对象与功能这两个角度切入。

Browning 和 Singelmann(1975)从要素角度认为生产性服务业包括金融、保险、法律工商服务、经济等知识密集型行业，为客户提供专业化服务。Daniels(1985)认为服务业分为生产性服务业和消费性服务业，生产性服务业的专业领域是消费性服务业以外的服务领域，并将货物、办公清洁和安全服务业包括在内。Grubel 和 Walker(1989)认为生产性服务业是用来生产其他产品或服务的中间投入，为生产者提供中间产出的产业，是生产者财富形成过程中的中介，并指出生产性服务业的服务业对象是生产者，而不是消费者。Jeff(1996)进一步指出生产性服务业依靠制造业部门,并为其提供服务。随着研究的深入,学界对生产性服务的认识有了新的突破。根据 Grubel(1993),政府服务被认为是生产性服务的必要补充和延伸,比如政府提供的法律、安全(降低交易成本)、医疗、教育(提高人力资本)、科学知识(提高技术水平)、各种基础设施网络(加快信息和资源的流动)。我国学者钟韵、阎小培(2005)认为生产性服务业是为生产、商务活动和政府管理提供而非直接向消费性服务的个体使用者提供的服务,它不直接参与生产或者物质转化,但又是任何工业生产环节中不可缺少的活动。政府服务被认为是生产性服务范围内。

尽管学者对生产性服务业概念表述并未统一,但从总体看,对生产性服务业的定义形成了一种共识,即它是一种市场化的中间投入,为产品和服务的产出提供所需服务,而不是用于满足最终消费的服务。

2.1.2 生产性服务业的特征

1. 产业关联性

生产性服务业渗透到制造企业的每一个价值链环节中,既有对产品生产"上游"的服务,如研发设计、人员培训、管理咨询、金融服务等,又包括对产品"中游"服务,如原材料的物流、质量控制、设备租赁与维护,还包括"下游"的服务,如广告、物流、营销、售后支持等。生产性服务业贯穿生产、流通、分配、消费等社会再生产环节中,有助于提高生产和再生产过程不同阶段的产出价值和运行效率。随着生产性服务产业链的不断延长,生产性服务业在价值链中的作用越来越重要。

2. 知识密集性

生产性服务业有别于传统服务业,它是开放的知识技术密集型服务业,是一种具有较强可贸易性的服务业。生产性服务业为企业提供人力、资金、物流、信息、管理和技术等要素服务,具体而言,员工培训是提供人力的服务,金融服务是提供资金的服务,物流是为物服务,计算机应用是信息的服务,企业咨询是管理的服务,研发设计是技术上的服务。可见,生产性服务业将人力资本和知识引入生产过程,将专业的知识和专门的技术传递给厂商。

3. 持续创新性

生产性服务业发展本身就是一个持续创新的过程,同时也是高新技术应用的主要使用者、传播者和推动者。以云计算为例,它是一项非常新的技术,是一个具备高度扩展性和管理性并能够适用于终端用户应用软件计算基础架构的系统池。云计算服务将传统企业的人、事、物全部搬到互联网,在互联网打造虚拟化、信息化、高效化、安全化的新型互联网企业模式,并实现传统型企业与互联网企业互相结合、互为促进。

4. 外部化和国际化

社会分工逐渐细化和市场逐步深化促使生产性服务业外部化,生产性服务业外部化趋势的加强,很大程度上推动了生产性服务业的独立化,扩大了产业的规模和容量。Gillespie 和 Green(1989)指出生产性服务业呈现空间选择的扩散趋势,生产性服务业的跨境交易大大促进了生产性服务业的国际化。如今,已形成了一批具有国际知名度的生产性服务企业,例如 UPS、联邦快递、麦肯锡、科尼尔、德勤等,它们的业务遍布全球。

2.1.3　生产性服务业的分类

由于研究需要不同,学者和机构对生产性服务业的分类并不统一。分类不一致影响生产性服务业的国际比较,也影响研究的计量分析。表 2.1 列出了不同学者或机构对生产性服务业所做的分类。

表 2.1　生产性服务业的分类

学者/机构/国家(地区)	具　体　分　类
Browning 和 Singelmann(1975)	金融、保险、法律、工商服务
Drennan(1989)	商业服务、法律与专业服务、金融、大众传媒
Niles(1990)	金融、保险、运输、大众传播、会计、研发
Coffey 和 Bailly(1991)	工程服务、咨询、会计、设计、广告
阎小培(1997)	综合技术服务、企业咨询、房地产及物业管理、金融、保险
英国标准产业分类(SIC)	批发分配、废弃物处理、货运、金融、保险、广告、商业协会、贸易协会
美国统计局(BOC)	金融、保险、不动产、商业、法律、会员组织、其他专业服务

续表

学者/机构/国家(地区)	具 体 分 类
德 国	销售、仓储、运输、研发、管理咨询
加拿大	建筑、房地产、培训、金融、保险
日 本	管理服务、医疗休闲、家政相关服务
中 国	交通运输、现代物流、金融服务、信息服务、商务服务
世贸组织(WTO)	通信、商务服务、建筑和相关工程服务、金融、分销、运输
世界经济合作组织(OECD)	运输、通信、仓储和邮政、计算机软件研发、房地产、租赁、技术研发、地质勘探、金融
中国香港贸易发展局	专业服务、信息和中介服务、金融服务、与贸易相关的服务

资料来源:本书整理而得。

根据我国《国民经济和社会发展第十一个五年规划纲要》,生产性服务业主要包括以下几个行业:交通运输业、现代物流业、金融服务业、信息服务业以及商务服务业。结合国内外学者对生产性服务业内涵的观点,参照我国行业分类标准,并依据统计年鉴对服务行业的分类,本书最终选择交通运输、仓储和邮政业,信息传输、计算机服务和软件业,金融业,科学研究、技术服务和地质勘查业,租赁和商务服务业五类作为考察的生产性服务业。

2.2 服务业与农业融合:农业生产性服务业

农业生产性服务业是为提高劳动生产率而向农业生产活动提供中间投入服务的产业。农业生产性服务业是以市场配置资源为基础,以各类新型组织为主体,以市场化、产业化、社会化和民营化为特征,为现代农业发展提供系列服务的新型农业服务业。作为现代农业的重要组成部分,农业生产性服务业在延伸农业产业链条、拓展农业外部功能、提升农业产业地位和拓宽农民增收渠道等方面至关重要,为我国服务业国际化拓展了供给源。

当前我国农业正处于由传统粗放型向现代集约型转变的过程中,农业生产性服务业的发展还处于艰难起步阶段,虽有一些亮点,但困难与问题更多。一是从服务主体看,我国农业生产性服务业以法人单位为主,数量增长较快,但规模偏小、带动力不强。二是从服务内容看,我国农业生产性服务业一定程度上填补了基层农技推广体系的空白,但总的领域不宽,向产前、产后延伸不够。三是从服务能力看,我国农业生产性服务业具有贴近市场、机制灵活的优势,但普遍存在人才匮乏、农村资金外流严重、金融支持和创新力度不够、政策扶持不够等问题。四是从服务方式看,我国农业生产性服务业规模化、契约化和一体化趋势明显,但在行业自律、规范运作方面有待加强。为此,我国应从以下两方面入手,推动农业生产性服务业发展。

2.2.1 培育多元市场主体

农业生产性服务业作为新型业态,涵盖农业产前、产中和产后全过程,包括良种服务、新型农技服务、农资连锁经营、农机作业服务、信息服务、金融服务和农产品加工、物流等诸多方面。因此,发展农业生产性服务业,必须多主体参与、多要素投入、多形式发展。

(1)发挥好农民专业合作社的主力军作用。作为自愿联合、民主管理的互助性经济组织,合作社最重要的功能是为成员提供产前、产中和产后服务;而合作社作为法人主体,具有对内互惠性、对外盈利性的组织优势,可以把满足成员需求和参与市场竞争很好地结合起来。努力提高农民专业合作社的规范化建设水平,不断增强服务能力、拓展服务领域、提升服务质量。

(2)发挥好农村各类中介组织和专业服务机构的生力军作用。引导专业大户、经纪人等农村能人开展项目推介、生产组织、市场营销等多种形式的中介服务,促进生产要素优化配置,激活农产品市场。以各级农业部门和乡镇政府为依托,树立公共服务理念,引导、培育一批既体现一定的公益性,又机制灵活、竞争力强的专业服务组织,提供农业市场信息、农村劳动力转移、土地承包经营权流转、沼气维护、法律政策咨询和培训教育等各类服务。

(3)发挥好农业龙头企业、大专院校和科研机构的后备军作用。在开展新品种选育、新技术推广、新产品开发和应用现代营销手段等方面,农业龙头企业、大专院校和科研机构具有雄厚实力,示范带动作用明显。建立一支产、学、研结合的新型农业生产性服务体系,对于提升农业集约化、标准化和品牌化水平意义重大。

2.2.2　延伸服务链条、拓展服务内容

把服务领域向产前、产后延伸,向农业信息、金融保险和市场营销等领域拓展,重点建设三大体系:

(1)农业信息支撑体系。整合农业、科技部门和供销合作社等已有的信息化资源,加快建设功能完善、综合统一的农业信息平台,打造农村信息服务网络,提供远程教育、电子商务和政务处理等多功能服务,使信息供给由分散、滞后走向集中、及时。

(2)金融支持体系。发展大型商业银行、村镇银行、小额贷款公司、政策性金融和农村合作金融等多层次的农村金融服务主体,为龙头企业、农民专业合作社和专业大户等不同需求主体提供差别化、个性化服务。要在有条件的组织和农户开展信用评级和授信贷款,在法律允许范围内探索扩大抵押品范围,解决农业贷款难、担保难问题。鼓励有条件的农民专业合作社开展信用合作或组建资金互助社,引导开展资金互助合作。支持涉农再贷款银行和再担保公司发展,为农村小型银行和资金互助社提供融资服务,为小型农业企业提供贷款担保。加快发展政策性农业保险,建立农业再保险和巨灾风险分担机制,探索发展"小额参与、联合投保"的农产品保险品种。

(3)农产品物流保障体系。以龙头企业、合作社为重点,开展产品分级、包装和初加工服务,配备包括冷链系统在内的仓储、运销设施。鼓励农民专业合作社的鲜活农产品参与"农超对接"、"农校对接",或在城镇建立连锁店、直销点、专柜、代销点,促进产销衔接。

2.3　服务业与制造业融合：制造业生产性服务业

服务业与制造业融合产生了制造业生产性服务业(见图2.1)。

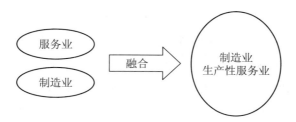

图 2.1　服务业与制造业的融合

截至 2012 年底,我国工业占 GDP 40% 左右,制造业占全球比重提升到 19.8%,规模位居世界第一,220 余种工业产品产量都位居世界前列,我国已经成为名副其实的全球制造业大国和世界工厂。但与之形成强烈反差的是,十几年来,我国的服务业结构升级缓慢,制造业生产性服务业的发展很不充分。例如,由于产品线和产业链延伸不足,外商投资企业对本地金融机构的信贷服务依赖程度小;产品研发设计、关键技术、零部件依赖于进口,对本地研发设计或技术服务需求少。这种状况从一定程度上说明了我国制造业对服务业的中间需求还很有限,生产性服务业尚没有扎根在高速增长的制造业土壤里。可以说,我国制造业生产性服务业的发展尚处于初级阶段。事实上,较强的制造业实力是我国发展制造业生产性服务业的有力支撑。而随着我国经济发展而扩大的投资空间,早已跳出了制造业领域,制造业生产性服务业已经开始吸引越来越多的投资。因为制造业,特别是先进制造业的繁荣本身就会扩大服务业的投资空间。例如,我国部分制造业企业率先建立了创意产业中心和设计创意中心,建立了包括模具设计、软件设计、工程设计、服装设计、动漫设计、玩具设计、印刷包装设计、广告设计等设计平台。这些制造企业将研发、设计外置,取别人所长,补自己所短,取得了巨大成果。随着越来越多的制造企业将上述类似的非核心生产环节外包给生产性服务企业,这将极大地促进我国制造业生产性服务业的发展。

与国际相比,我国的制造业生产性服务业差距仍然较大。在世界先进的工业化国家中,服务业增加值占 GDP 的 70%,生产性服务业占服务业的 70%。而我国的服务业增加值占 GDP 比重还不到 50%。可见,我国具备发展制造业生产性服务业的良好基础和条件,依托我国向先进制造业转型的契机,将极大地拓展我国制造业生产性服务业的发展,提升我国服务业国际化的供给源。

此外,我国还应积极推动制造业向服务化方向发展。服务业和制造业的关系正在变得越来越密切,其主要表现是制造业的中间投入中服务的投入大量增加。在近10年间,多数 OECD 国家产品生产中的投入发生了变化:服务投入增长速度快于实物投入增长速度,同时,服务业和某些经济活动特别是制造业的界线越来越模糊。伴随着服务业与制造业的融合,经济活动由以制造为中心已经转向以服务为中心。因此,我国要适应产业发展趋势,努力推动制造业特别是先进制造业向服务化方向发展。

2.4　生产性服务业推动服务业国际化的内在机理

本节通过对生产过程的分散化和国际贸易服务链①的分析,从理论上对生产性服务业促进服务业国际化(以服务贸易为例)进行解释。

2.4.1　生产过程的分散化

图 2.2 描述了生产过程的分散化。图 2.2a 表示单一生产区段,服务投入的影响在这一阶段并不明显,只是参与生产区段的内部协调和连接厂商与消费者的营销活动。图 2.2b 出现了两个生产区段,这时需要服务来协调和连接,比如运输成本等。图 2.2c 反映了生产过程进一步分化,出现了三个生产区段。图 2.2b 和图 2.2c 反映的是生产区段上下游的关系。图 2.2d 则显示了一种新组合,即有关生产区段平行运行,每一个生产区段的产品在最后一个生产区段组装成最终产品。

假设厂商位于生产区段内的技术隐含规模报酬有递增效应,且边际成本不变,图 2.3(a)中的 AA' 反映了总成本随着生产规模扩大而上升,其斜率表示边际成本。假定生产区段增加引起的服务成本可以导致较低的生产边际成本,并改变固定成本和变动成本的比例,图 2.3(a)中 BB' 和 DD' 分别代表了图 2.2b 和图 2.2c 两种情

---

① "生产区段和服务链(production blocks and service links)"概念最早由 Jones 和 Kierzkowski(1990)提出,我们将其用于解释生产性服务业促进服务贸易发展的内在机理。

况的生产成本。生产成本加上服务成本是总成本,因而 CC' 和 EE' 代表图 2.2b 和图
2.2c 情况的总成本。生产规模在 Q_1 和 Q_2 之间,厂商选择两个生产区段;当生产规模
大于 Q_2,厂商选择三个生产区段生产,因此厂商的总成本曲线是折线 $AFGE'$。

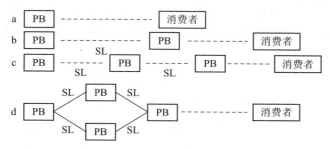

注:PB 表示生产区段,SL 表示服务链。

图 2.2　生产过程中的分散化

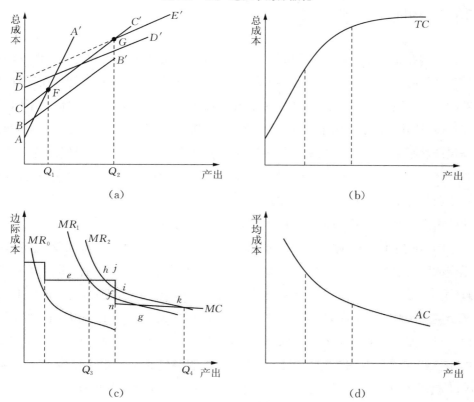

图 2.3　分散化生产过程中的成本和产出

随着生产扩张、分工深化，生产区段分离不断加速。如果生产区段和服务链数量增加并遍及所有的生产规模，总成本曲线就演变成图 2.3(b) 中的曲线，平均成本则是图 2.3(d) 中曲线。图 2.3(c) 反映了边际成本和边际收益的关系是如何决定分散化程度和厂商的均衡产量。若假定生产仍停留在单一厂商完成的生产区段，且市场需求弹性小于无穷大，则厂商将增加生产直到边际收益与边际成本相等。随着需求的增长，MR_0 向外移动至 MR_1，与边际成本曲线有多个交点，但是点 e 利润最大，所以点 e 决定了厂商选择两个生产区段及相应的生产规模 Q_3。当需求继续增长，MR_1 向外移动至 MR_2，与边际成本曲线的多个交点中，点 k 利润最大，所以点 k 决定了厂商选择三个生产区段及相应的生产规模 Q_4。需求的平稳上升使得生产更加分散，并使产量呈阶梯状上升。

2.4.2 国际贸易的服务链

一国并非在每一生产区段和服务链上都有比较优势，在自由贸易的条件下，一国生产具有比较优势的产品，放弃生产比较劣势的产品，因此厂商会把存在比较劣势的生产区段放在国外生产。服务链用于连接国内外生产区段并且可以由不同国家提供，这就引入了外国服务链，于是就产生了服务贸易。连接生产区段的服务就是生产性服务，这类服务的专业化导致规模报酬递增，进而加速生产区段的分散。当生产过程逐渐分散于不同国家的生产区段时，一系列金融服务、信息服务、专业技术服务等生产性服务组成服务纽带，对生产性服务纽带的需求会明显上升，差异化的生产性服务不断涌现，从而诱发服务贸易的增长。

图 2.4 描述了国内外分散生产的成本变化。H 线表示两个生产区段位于国内生产的固定成本和可变成本，加上服务链上的服务成本后，总成本曲线向上平移至 H' 线。假定国内外固定成本相同，当国内外各有一个生产区段时，可变成本低于两个生产区段位于国内的情况，M 线加上服务链成本后，即得到总成本曲线 M'。由于连接国内外生产区段的服务链成本大于生产区段都位于国内的服务链成本，即 $ac > ab$，那么，用于连接跨国生产区段的服务链将会把最优成本产出曲线 beH' 折成 beM'。当产量大于 d 时，选择国内和国外分散化生产更有利。

当然，国内外生产区段的固定成本不一定相同，国外生产区段拥有的成本优势不仅可以体现在固定成本也可以体现在可变成本。另外,假定连接国内外生产区段的服务链成本大于生产区段都位于国内的服务链成本,也有例外情况。

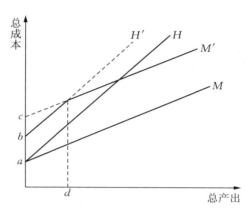

图 2.4　国内外分散生产对成本的影响

可见,厂商将"生产区段"分布于不同国家以完成生产过程的做法刺激了对生产性服务业的需求,从而引起服务贸易。根据生产段与服务链的分析,当价值链的各个环节分布在世界各国或地区时,生产过程分散到不同国家的生产区段,对跨国服务的需求就会增加,对国际服务链的需求诱发了服务贸易。同时,信息技术的迅猛发展及广泛应用,大幅度地提高了服务的可贸易性,使服务生产成本大大降低,当企业利用服务链和生产区段生产可以降低生产成本时,市场对服务链的需求就增加了,跨国公司依赖国际服务链寻求较低成本,大大促进了服务贸易的增长。

2.5　中国生产性服务业发展态势及特点

本节将结合生产性服务业提升服务业国际化的路径,对我国生产性服务业发展态势及特点进行分析。

2.5.1　规模持续扩大,结构趋于优化,但发展仍缓慢

改革开放 30 多年来,我国生产性服务业增长速度不断加快,规模持续扩大。

如图 2.5 所示,2004—2010 年我国服务业和生产性服务业都呈现增长趋势,但生产性服务业增长速度仍低于服务业增长速度。生产性服务业在服务业中所占比重变化不大,保持在 35% 与 38% 之间。从生产性服务业的内部结构看,生产性服务业类型较少,且传统的交通运输业、邮电通信业长期占较大比重,现代物流、信息、金融等生产性服务业总体发展水平仍然偏低。图 2.6 为 2010 年我国生产性服务业内部结构情况,交通运输、仓储和邮政业占服务业比重为 11.0%;金融、信息传输、计算机服务和软件业等近年来出现了增速加快的趋势,金融业占服务业比重达到

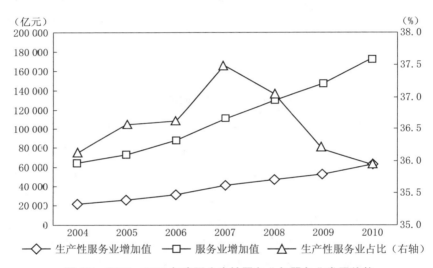

图 2.5 2004—2010 年我国生产性服务业与服务业发展趋势

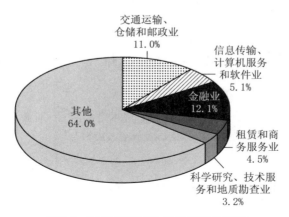

图 2.6 2010 年我国生产性服务业结构

12.1%,信息传输、计算机服务和软件业比重也有 5.1%。

　　服务业是服务业国际化的产业基础,服务业尤其是生产性服务业的这种结构层次直接决定了我国单一的服务贸易结构。一方面,国内劳动密集型和资金密集型的传统生产性服务业占优势,决定了我国传统服务贸易占比高,知识密集型和技术密集型的生产性服务业发展缓慢决定了现代服务贸易比重较低且增长速度缓慢。另一方面,我国生产性服务业类型单一、结构层次低影响了我国服务贸易出口的竞争力,是我国服务贸易逆差持续扩大的重要原因。

2.5.2　与制造业联动不足

　　生产性服务业是经济的“黏合剂”,其主要服务对象是制造业,但是目前我国生产性服务业与制造业之间还是在一种低级和低效的共生关系,生产性服务业与制造业发展脱节,两者关联程度低。一方面,制造业对生产性服务有效需求不足,生产性服务业内生成长能力弱,发展和升级动力不足。生产性服务业无论是外化的生产性服务还是内化的生产性服务,从服务功能看都是企业产品差异和增值的主要源泉,也是全球价值链的主要增值点。从图 2.7 的微笑曲线可以看出,制造业的高附加值主要集中在两端的研发和销售环节,与生产相关的环节附加值低。我国

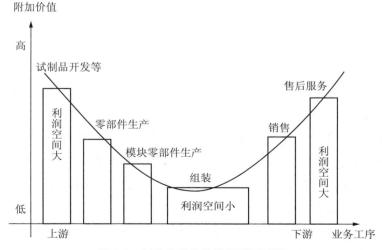

图 2.7　制造业价值链的“微笑曲线”

国内制造业企业多采用劳动密集型、资源密集型的生产方式,主要依靠物质产品投入,外包项目多与生产环节相关,涉及金融服务、研发设计、营销服务和信息技术方面的外包占全部支出比重偏低。另一方面,生产性服务业对制造业的支撑、促进有限,两种产业融合层次低。现阶段我国相当多的生产性服务还内化在制造业中,还没有形成独立的专门化产业,尚无法满足制造业的高端要求,这不仅导致我国外包结构以低端的生产性服务为主,还导致很多外商投资企业自带生产性服务,对国内金融机构的信贷服务和本地研发或技术服务需求少,其产业链在中国延伸不足。

随着国际分工的深化扩展、跨国公司的全球扩张和高技术领域研发国际化趋势的增强,基于价值链上的产品内分工成为国际分工的重要方式,发展中国家开始较多地介入"微笑曲线"的高端部位,表现为承接人力资源管理、财会、法律等服务的外包。我国离岸服务外包多集中在"微笑曲线"中部底端的环节,要向"微笑曲线"两端的"高价位区"转移,实现服务贸易结构多元化,都需要生产性服务业与制造业形成连续共生和一体化共生的关系。

离岸服务外包是生产性服务业提升服务贸易发展的重要路径,当离岸服务外包更多地向"微笑曲线"两端领域拓展,服务贸易结构层次才能有新的提升。生产性服务业通过实现与制造业联动发展,促进自身专业化和高端集约发展是服务外包向服务链中高附加值环节转移的重要动力,也是突破服务贸易发展瓶颈的关键所在。

2.5.3 参与全球化程度不断提高

1. 服务外包新型业态爆发式增长

20 世纪 80 年代以来,全球的产业转移出现了劳动密集型、资本密集型和技术密集型并行转移和以工业为主体向服务业为主体转移的新趋势,研发设计、人力资源、信息软件和金融服务等生产性服务业开始向拥有大量廉价而优质劳动力、国内产业发展良好的发展中国家转移,发展中国家正在成为全球服务外包新的发展基地。我国正在把握这个难得的机遇,实现服务外包产业爆发式的增长。根据商务部统计,2012 年我国签订服务外包合同 144 636 份,合同金额 612.8 亿美元,同比增长 37%,执行金额 465.7 亿美元,同比增长 43.8%。其中,承接国际服务外包合同金额 438.5 亿美元,同比增长 34.4%,执行金额 336.4 亿美元,同比增长 41.1%。服务外包业务仍以信息技术外包(IPO)为主。2012 年,信息技术外包(ITO)、业务流程外包(BPO)和知识流程外包(KPO)占比分别为 56.1%、15.5%和 28.4%。

目前以及在今后相当长一个时期内,我国将作为发达国家主要的服务外包承接地,并且现已跃升为全球第二大外包承接方。然而,伴随着全球市场萎缩与经济危机深层影响进一步显现,政治要素干预下贸易保护主义的再度兴起,美国这个全球最大的服务发包国正在掀起一场"外包回流"运动,越来越多的工作被移回本土执行,国际离岸市场将进一步萎缩。这一趋势将推动全球服务外包企业重新制定发展及市场策略,在美国本土设立分公司及服务交付中心或设立海外服务中心。这种"走出去"战略对我国服务外包企业的市场拓展及管理能力提出了更大的挑战,同时,中国还面临着来自印度等国的竞争压力。要依靠承接服务外包转变贸易增长方式还必须有国内成熟的服务体系,尤其是知识密集型的生产性服务业。另外,随着产业尤其是生产性服务业整体实力的提高,我国也会作为服务外包的重要发包地之一。

2. 生产性服务业成为利用外资的主要领域

伴随着生产性服务业的跨国转移,全球跨国并购由制造业向服务业集中的趋势不断增强,经济全球化进入服务经济全球化时期。随着我国服务业开放力度的加大以及市场化的深入,我国融入服务经济全球化的步伐不断加快,投资环境综合比较优势提升,生产性服务业成为外商投资的主要领域。2011 年我国服务业实际利用外商投资金额为 5 825 342 万美元,而生产性服务业实际利用外商投资金额 1 863 995万美元,占比为 32%。

从图 2.8 中可以看出,生产性服务业 FDI 不仅规模上总体增加,且 2005—2011 年 7 年中有 5 年的增长速度高于服务业 FDI 的增长速度,可见生产性服务业正成为外商投资的主要领域,且发展呈现良好势头。

从生产性服务业内部看,如图 2.9 所示,租赁和商务服务业,交通运输、仓储和邮政业在利用 FDI 方面有着较大优势,而金融业,信息传输、计算机服务和软件业,科学研究、技术服务业和地质勘查业利用 FDI 比重相对较低。这种投资结构主要取决于我国国内生产性服务业结构层次及发展水平。服务业 FDI 作为优质资本、先进管理经验和发达技术的载体,生产性服务业通过利用 FDI 可以带动相关领域服务贸易的增长,然而在现代服务领域投资不足,FDI 资本效应和外溢效应难以实现,直接影响了我国服务贸易的结构层次向前发展。

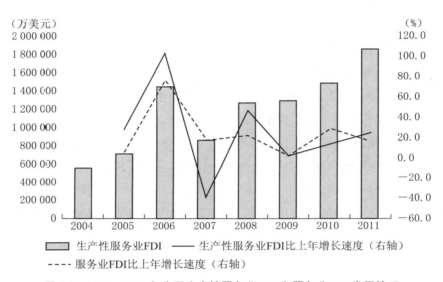

图 2.8　2004—2011 年我国生产性服务业 FDI 和服务业 FDI 发展情况

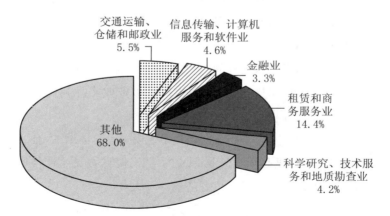

图 2.9　2011 年我国生产性服务业内部行业 FDI 分布

2.5.4　集聚式发展态势明显

随着产业形态不断创新,生产性服务业集聚式发展正成为该产业的新形态和主要运作方式,生产性服务业集聚区不断形成,并以此为载体全力推动物流、商业、信息、咨询等生产性服务业的发展。有以金融、总部经济等为重点的生产性服务业集聚区,如北京的金融街、上海陆家嘴的国际金融贸易区等;有与某类制造业产业集群匹配的主题型生产性服务业集聚区,如围绕珠三角和长三角的制造业开发区形成的生产性服务业集聚区,都是镶嵌于制造园区的周边地区内;还有以高新区位载体的研发、设计服务业孵化园区。

生产性服务业作为中间性生产要素,贯穿生产、流通分配、消费等生产环节,生产性服务业的集聚式发展,有利于降低生产性服务业和制造业的交易成本,提高交易效率。生产性服务业集聚的形成还会进一步完善产业链,并通过相对核心企业的扩散效应和模仿效应促使产业链进一步延伸,有利于生产性服务业之间、生产性服务业与其他企业之间形成集聚企业网络,可以实现产业集约发展和企业资源共享,在产业关联效应作用下带动制造业及服务业本身获得递增收益,实现产业升级。

第3章
中国服务业国际化水平提升的模式

由于国际服务贸易、服务业 FDI 和服务外包已经成为推动服务业国际化的主要形式,所以通过建立相应模式能极大提升服务业国际化的水平。相应的服务业国际化模式包括服务贸易集聚区模式、外资拉动模式和服务外包模式。

3.1 服务贸易集聚区模式

国际服务贸易是服务业国际化的主要形式。根据《服务贸易总协定》(General Agreements on Trade in Services, GATS)对服务贸易下的定义,国际服务贸易包括跨境交付、商业存在、自然人流动和境外消费四种提供方式。除境外消费外,其余都能在我国国内实现。对此,我国可建立国际服务贸易集聚区加快其发展。从世界范围看,服务贸易的兴起与一个地区经济总量水平、产业结构层次、制造业发展高端化程度、现代信息技术和管理水平高低以及贸易环境建设密不可分。在一定意义上,服务贸易是一个地区产业结构高层次化及经济服务化、制造业发展到其附加值和市场竞争力的提升要更多地依靠生产性服务业来支撑、现代信息技术的广泛运用及网络化、个性化、即时化的产物,其发展的深度和广度取决于一个地区能否为其在准入、经营、定价等方面提供富有活力的制度环境。自 20 世纪 80 年代开始,世界产业结构呈现出"工业型经济"向"服务型经济"转型的总趋势。在当前和未来的世界经济发展中,服务贸易是增长最快的行业。从某种意义上说,一个国家在未来所具有的国际竞争力和国际化水平,将主要取决于经济结构中的服务业,尤其是服务贸易所占的比重。而服务贸易的迅速发展与服务贸易集聚区的构建有着紧密的联系。

　　一般来说,服务贸易集聚区是指按照现代理念统一规划设计,依托交通枢纽,将商务楼宇、星级宾馆、商业设施以及相关的生产生活服务配套设施合理有效地集中,在一定区域内形成形态美观、内外连通、生态协调、资源节约、充分体现以人为本的、具有较强服务贸易集聚能力的区域,即服务贸易微型 CBD(中央商务区)。发展服务贸易集聚区对拓展服务贸易发展空间、促进服务贸易企业快速成长、提高区域综合竞争力都具有重要作用。

3.1.1　服务贸易集聚区的源起和特征

　　发达国家的经验表明,当城市经济发展到一定阶段,在经济总量发展、经济结构变化和人口发展等因素的驱动下,集聚模式会由单一的大型 CBD 模式,向多元化、多极化、分散化发展,在原来的基础上演变扩展成若干不同功能的微型 CBD,服务贸易集聚区也就应运而生。自 20 世纪 60 年代以来,为解决中心城区商务功能过度集中的问题,以伦敦、纽约、东京为代表的世界级城市都经历了单个 CBD 到多元化微型 CBD 网络初步建立的过程。其中,伦敦的微型 CBD 由传统的市中心扩展出来,以堪那瑞区为代表,沿着泰晤士河呈轴线发展;纽约的 CBD 在 20 世纪 90 年代初开始分阶段逐步形成布鲁克林、长岛、法拉盛、哈德逊广场等微型 CBD;东京逐步形成了品川、汐留、六本木等 30 多个微型 CBD,很好地适应了现代服务业空间集聚且多元化发展的国际趋势。

　　作为微型 CBD 的一员,服务贸易集聚区是在顺应国际发展规律并借鉴其发展经验的基础上提出的一个全新概念,主要是指:按照现代理念统一规划设计,依托交通枢纽和信息网络,以商务楼宇为载体,将相关的专业服务和生活服务配套设施合理有效地集中,在一定区域内形成形态新颖、内外连通、生态协调、资源节约、充分体现以人为本、具有较强服务贸易集聚能力的区域。服务贸易集聚区具备以下四大特征:(1)统一规划,突出城市设计,打造城市名片;新老建筑结合,保护历史风貌。(2)功能集聚,依托信息网络,依托交通枢纽;功能配套完善,形成产业高地。

(3)形态新颖,开发地下空间,建造空中连廊;形成楼宇连通,实现人车分流。(4)生态协调,贯彻以人为本,环境优美和谐;注重环保节能,资源集约利用。

可见,上述服务贸易集聚区的特征为服务业国际化水平提升提供了可能性。事实上,服务贸易集聚区不仅具有提升服务业国际化水平的特征,还具备加快服务业国际化的动因。

3.1.2 服务贸易集聚区提升服务业国际化水平的动因

服务贸易集聚区提升服务业国际化的动因包括以下五个方面:

1. 服务贸易集聚区依靠区域特色和功能促进服务业国际化的加快发展

尽管服务贸易的发展是以市场为基础,但其产业特色的形成则取决于所在区域的特定功能。服务贸易的发展依托由资源、禀赋、区位、经济和文化等因素所构成的功能,突出其区域优势和特色,建立起与区域功能相吻合的服务贸易产业体系,从而与周边地区错位竞争,增强服务贸易的辐射效应。

2. 服务贸易集聚区是调整产业结构,实现经济增长方式转变的有效动力

国际经验表明,只有发展出一套以服务经济为主的经济结构才能实现可持续发展。由于服务贸易集聚区内产业关联度强,有利于整个社会服务网络的形成,具有资源共享、服务贡献、规模经济的特点,从而可以为服务经济拓展新的空间,进一步降低交易成本,形成外部经济优势。

在土地和资源硬约束的条件下,转变经济增长方式的关键环节是节能降耗、环保和节约用地,而服务贸易集聚区是产业集聚、集约用地、提高效率的典范。通过合理布局和有效开发,有助于在较短时间内形成服务贸易发展的新高地,推动经济增长方式转变,促进服务贸易集约化、节约型发展,有利于实现服务组织机构的网络化,促进知识交流与服务创新。同时,服务贸易是知识和人才密集型产业,集聚区有利于吸引人才、扩大就业。

3. 服务贸易集聚区是提升城市综合功能的载体和改善城市形象的新亮点

服务贸易是后工业经济时代城市功能的主要承担者,服务贸易集聚区作为城市发展的微型 CBD,能够塑造城市的功能和特色,显示城市的集聚功能和形象,凸显城市的竞争力。

4.服务贸易集聚区是加快服务业国际化和提高服务业国际化水平的重要抓手和战略举措

基于产业关联效应和社会网络效应而形成的服务贸易集聚区,具有资源共享、服务网络系统和品牌效应的特征,客观上为服务贸易发展构筑起一个良好的产业生态环境:通过品牌效应,使服务企业获得更高的市场认同度和占有率,进一步提高该区域服务贸易产品的市场需求;通过集聚区内企业之间的竞争与合作机制,提高了服务贸易产品的有效供给水平,为服务业国际化发展拓宽了市场空间。

5.服务贸易集聚区可以提高服务业的国际竞争力

服务贸易集聚区会成为总部集中地,能把商业、会展和各类服务业集成,为总部集中地服务;服务贸易集聚区会成为区域经济辐射全国的重要载体,而区域经济所具有的制造业基地一定会为服务贸易的发展提供巨大的机会。

3.1.3　服务贸易集聚区的创新系统

服务贸易集聚区形成的根本原因在于集聚效益可以给区域内的企业带来较高的投资回报。资源禀赋是集聚区形成的最初诱因。充分利用各地区的自然资源优势来发展经济是形成集聚区的原始动力。早期的产业或企业集聚来源于自然资源(土地、矿产、地理位置等)及劳动力资源方面的差异。在光照充足、雨水充沛、气候宜人的地区发展形成了农业集聚,如法国的香槟省、美国的玉米带等;在自然矿藏丰富的地区形成了工业集聚,如德国的鲁尔工业区、美国的钢铁带等。交通运输、市场等区位因素也是集聚区形成的原因。直到现在,资源禀赋、区位优势仍然是形成集聚区的重要因素。但是,这些传统因素的重要性已经大大下降:交通运输条件已经获得了极大的改善,大部分地区已经可以满足企业经营的基本需要;现代经济对资源的依赖性也大大削弱;人员流动性增加使得各地区劳动力成本趋于平均。与此同时,由于服务贸易集聚区所具有的创新系统能加快企业创新,使得以创新为推动力的服务贸易集聚区在全球迅速发展。

服务贸易集聚区的创新系统是指在服务贸易集聚区内与创新全过程相关的组织、机构和实现条件所组成的网络体系及其运行规律,由主体、环境和连接三个部分构成,具有输出技术知识、物质产品和效益三种功能。

服务贸易集聚区的创新系统主要由参与创新的企业、研究机构、高校以及地方政府组成，并有市场中介服务组织广泛介入，形成一个为创造、储备和转让知识、技能和新产品的相互作用的创新网络系统，其主要构成如下：（1）创新活动的行为主体主要有企业、科研院所和高校、政府等。企业、科研院所是研究开发的主体，是创新投入、产出及其收益的主体，是创新系统的核心。（2）行为主体之间的联系和运行机制，首先是主体的内部运营机制健全，其次是主体之间联系合理，运行高效。企业、科研机构、高校与政府之间的构建高效流动、资源分配合理、发挥各自优势的机制。（3）创新的政策环境包括法律、法规和政策。创新政策可以有多种分类，通常分为供给、需求和环境等几大方面的政策。创新政策与国家的科技政策、经济政策、产业政策、财政政策、税收政策、教育政策等有密切的关系。市场环境是企业创新活动的基本背景。另外，产业技术状况是创新政策的重要外部环境。

服务贸易集聚区的创新系统是一个开放的系统，担负着把创新内化为服务贸易集聚区经济增长的自变量，促进区域内产业升级、区域经济高质量增长的任务，具有优化区域创新资源配置和协调区域间发展关系的功能。服务贸易集聚区创新系统的侧重点是培育技术的开发、转移、应用、扩散能力和相应的区域社会支撑体系。服务贸易集聚区的创新系统是将企业、科研院所、高校和政府作为创新系统的四个执行主体，四者之间有着双向联系，知识基础、创新政策等创新资源都是外部环境。服务贸易集聚区是企业的"群"，这些区域由在合作和竞争规则引导下的企业网构成，区域经济发展不是潜在利益现象的简单集合而是系统整合，系统整合方法是协调企业之间关系最重要的方法。服务贸易集聚区的创新系统是经济参与者之间相互作用的社会结果（见图3.1）。

可见，我国要在服务贸易集聚区内部建立和完善上述的创新系统，只有这样才能加速我国服务贸易企业创新的步伐，使其不断推动我国服务贸易集聚区的发展，如此不断互动，实现良性循环。具体而言，我国可以从以下三方面入手。

1. 强化服务贸易集聚区创新行为主体的地位，充分发挥企业、科研院所的骨干作用

（1）对服务贸易集聚区内的国有企业而言，选择有战略眼光和创新精神的企业家，按市场经济的规律、现代企业制度的要求和国际上的成功做法，完善企业的法人治理机制。同时，改革企业考核制度，将创新能力的培育和形成纳入对企业经

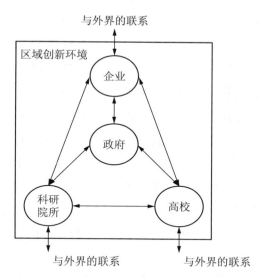

与外界的联系

区域创新环境

企业

政府

科研院所　　　高校

与外界的联系　　　与外界的联系

图 3.1　服务贸易集聚区的创新系统

营者的业绩考核范围。完善企业创新的管理机制,包括科研开发的投入机制、创新的分配和激励机制、专利发明的实施和奖励机制、职工培训制度等。加大对区内中小型服务贸易企业的扶持力度,帮助中小型企业做强。将中小企业活跃的创新能力与国有大中型企业产业化能力强的优势结合起来,彼此互补互动,共同提升彼此的创新能力。

(2)对于科研院所的力量要有足够的重视,不能将它们等同于一般的企业看待。由于长期以来,我国科研院所的研究工作是面向整个行业的,所以应当将它们发展成为以研究行业共性技术和前沿技术为专长的研究中心。服务贸易集聚区内的科研院所要成为以政府支持为背景,充分发挥科研开发和产业化能力,面向广大服务贸易企业的新型科研实体。要借鉴国际上有政府背景的著名科研机构的做法,根据市场经济和科技产业化的特点规律,使其在创新体系中找到自己更准确的定位,以充分发挥它们的优势和作用,起到创新骨干的作用。

2. 在服务贸易集聚区形成产学研相结合的创新体系

产学研相结合是行为主体之间联系最好的体现。在我国,虽然产学研结合的重要性已经达成了共识,但在行动上仍推进缓慢。目前,我国企业没有很好地利用科研院所、高校的创新能力;而科研院所和高校也没有很好地与企业紧密合作,实现科研开发和科研产业化。我们认为,我国的服务贸易集聚区可以做产学研结合的先锋,区内的企业可以与全国甚至国外的高校和科研机构组成集群式的战略联盟并广泛合作,合作包括人才培养、研究开发、引进消化、成果转化、科技创业、专利实施、风险投资、产权交易等。各成员共同研究制定出推进服务贸易集聚区内产学研战略联盟的规划和方案。这将切实推进产学研的结合和联盟,形成创新的整体合力,是提高服务贸易集聚区企业创新能力的一项重要措施。在当前和未来产业发展规划中,应以服务贸易集聚区内产学研结合的方式来承担重大项目,并以重大项目来带动产学研结合。应促使政府对产业发展的导向和高校、科研院所的科研方向以及企业的创新形成良性互动,鼓励对具有行业共性的核心技术、具有较强技术关联性和产业带动性的重大战略产品、对未来可能形成的新产业和产业结构调整具有重大意义的项目的研究。

3. 在服务贸易集聚区创造良好的创新政策环境

我国于 2006 年公布了《关于实施国家中长期科学和技术发展规划纲要(2006—2020 年)若干配套政策的通知》(国发[2006]6 号)。可以对此配套政策加以进一步的完善,出台针对服务贸易集聚区内围绕财税、金融、政府采购、知识产权保护、人才队伍建设等方面的政策细则,努力营造服务贸易集聚区良好的创新政策环境。在落实国家财税优惠政策、加大科技专项资金扶持力度方面,以创造更加良好的服务贸易集聚区创新政策环境,吸引更多的企业在服务贸易集聚区从事创新活动。此外,在落实优惠政策过程中,政府各部门应主动创新管理体制机制,围绕服务贸易集聚区创新行为主体,聚焦国家战略,聚焦重大产业,加强政府服务,整合各类政策资源,努力形成合力,提高政策支持的效率。例如,在服务贸易集聚区可以搭建内部资源统筹平台,优化操作流程,在不增加创新主体负担的基础上,支持创新主体更好地申报国家创新重大专项配套基金。

3.1.4 服务贸易集聚区提升我国服务业国际化水平:上海创建服务贸易集聚区的实践

本节以我国经济中心城市上海为例,对上海通过构建服务贸易集聚区提升服务业国际化水平进行研究。

1. 服务贸易整体状况

早在 1997 年,上海就提出了服务贸易发展工作的思路并开始着力推进。经过 10 年的酝酿探索,上海的服务贸易发展已初显成效。2007 年上海服务贸易进出口总额突破 500 亿美元。目前,上海服务贸易实现了三个"高于",即上海服务贸易增长率高于货物贸易增长率,上海服务贸易增长率高于第三产业增加值增长率,上海服务贸易增长率高于全国服务贸易增长率。

上海服务贸易发展呈现了五大特点:一是上海服务贸易进出口规模越来越大,与地区经济的依存关系越来越密切;二是上海服务贸易在全国的占比不断提高,现已提高到 20% 以上,与亚洲主要城市型经济体的差距越来越小;三是传统服务贸易规模较大,新兴服务贸易加速发展;四是服务贸易市场格局与货物贸易发展初期的市场格局基本相同;五是"走出去"与"引进来"步伐加快,与商业相关的服务贸易活跃。

上海将把服务贸易作为上海开放型经济发展的重点,把发展服务贸易与上海国际贸易中心建设相结合,把发展服务贸易与上海形成服务经济为主的产业结构相结合,把发展服务贸易与上海加快转变外贸增长方式相结合,把发展服务贸易与上海服务长三角、服务全国相结合。上海将构建服务贸易发展的立体格局,形成服务贸易发展的推进机制。

为推进重点行业发展,上海结合建设金融、经济、贸易、航运中心的实际和上海现代服务业发展的重点,把金融、信息、商贸、文化和中介服务等作为服务贸易发展的重点,并且针对不同的行业采取不同的推进措施。例如,在促进文化出口方面,上海将贯彻落实国家关于鼓励和支持文化产品和服务出口的若干政策,研究出台并贯彻落实本市促进文化产业扩大出口的相关政策意见。根据商务部发布的《文化产品和服务出口指导目录》,积极扶持市重点文化出口企业和项目扩大出口。

2. 以现代服务业集聚区为基础,创建服务贸易集聚区

2010 年上海服务业增加值达到 7 500 亿元,年均增长速度保持在 10% 以上。金融、商贸、物流、房地产增加值约为 4 800 亿元,占全市服务业比重超过 60%。信息服务、航运服务、会展旅游、中介服务四大新兴行业增加值保持每年 20% 以上的增长速度,实现增加值达到 2 300 亿元。文化娱乐、教育培训、医疗保健、体育健身等潜力行业实现增加值超过 1 000 亿元。上海除了继续发展商贸、房地产等服务业,还将集中突破和大力发展金融业、文化服务业、现代物流和航运服务业、会展旅游业、信息服务业、专

业服务业六大重点领域。而上海服务业的迅速发展得益于现代服务业集聚区的建设。

上海在全国首先提出了现代服务业集聚区的概念,并对其内涵不断进行充实发展。现代服务业集聚区反映了 CBD 分散化的国际趋势,体现了上海现代城市发展的特点和方向。现代服务业集聚区的建设在上海现代服务业的总体规划中占据着非常重要的位置。上海现代服务业集聚区形态的规划目标是集中体现集约化、人性化和生态化,建筑群落和生态绿地体现景观化。规划突出核心区域的商务功能,其中商务楼宇一般要占到 70% 以上;规划考虑核心区域同交通枢纽的有机结合,使轨道交通等枢纽紧邻甚至进入核心区域。

"十一五"期间上海已规划建成 20 个的现代服务业集聚区,总建筑规模约为 800 万平方米左右,重点集聚以金融、物流和各类专业服务为重点的现代服务企业,特别是跨国公司总部或地区总部,形成上海服务经济发展的形象和标志。2006 年 4 月,上海公布了首批 12 个现代服务业集聚区,分别是:南京西路商业商务集聚区、西藏路环人民广场现代商务集聚区、太平桥集聚区、"海上海"现代服务业集聚区、北外滩国际客运中心北侧项目、赵巷市郊商业商务区、漕河泾现代服务业集聚区、长风现代服务业集聚区、苏州河北岸现代服务业集聚区、欢乐谷连锁主题公园、浦东新区世纪联华项目、徐家汇小闸镇项目。

随着上述集聚区规划的公布,现代服务业集聚区的建设也随即展开。以徐汇区漕河泾现代服务业集聚区为例,漕河泾现代服务业集聚区东起虹梅路中环线,南沿漕宝路,西接古美路,北临宜山路,占地 23 万平方米,总投资近 50 亿元,预计 5 年内全部完工,首期工程已于 2007 年中期交付使用。该集聚区规划总建筑面积约 80 万平方米,包括科技办公用房、酒店式公寓、SOHO 式小型办公场所和商贸、商务及综合配套服务用房等。建成后,该集聚区将集聚一批跨国公司地区总部和研发、技术、管理、采购、销售、营运、结算中心等项目以及咨询、律师、宾馆、餐饮和休闲购物等各类服务项目,形成总部经济平台、研发设计平台、创新孵化平台和综合服务平台,2010 年已经基本建成整体现代服务业集聚区,产出超过 200 亿元。

2007 年 2 月,上海又公布了第 2 批 8 个现代服务业集聚区,分别是:世博花木国际会展集聚区、张江高科技创意文化和信息服务业集聚区、江湾—五角场科教商务区、虹桥涉外商务区、宝山钢铁物流商务区、上海国际汽车城现代服务业集聚区、七宝生态商务区和奉贤南桥中小企业总部商务区。2010 年,上述 20 个内部规划合理的现代服务业产业集聚区已全部建成。这些点状的集聚区通过产业链或创新链彼此相通、有机相连,使上海现代服务业的整体辐射能级进一步提升和放大。

　　上海正以这 20 个现代服务业集聚区为基础,试点创建服务贸易集聚区。例如,江湾—五角场科教商务区能充分发挥杨浦区大学强势学科的优势,重点发展科技研发和教育培训产业,以及相关的商贸、金融、科技办公、科技展示等产业,创建以知识创新为核心业务的服务贸易集聚区;金融要素市场本来就已经集聚的外滩和陆家嘴地区正在创建成为金融服务贸易集聚区。可以预见,随着上海各具特色的服务贸易集聚区逐步建成和完善,将进一步提升上海服务贸易的能级和品位,集聚功能必将得到进一步的提升,辐射效应也将得到进一步的放大,从而带动整个上海服务贸易进一步加快发展。

3.2　服务业 FDI 拉动模式

　　全球 FDI 已从制造业转向服务业。服务业 FDI 已成为除国际服务贸易之外,服务业国际化最重要的组成部分。我国应充分利用全球服务业 FDI,吸引更多 FDI 拉动我国服务业发展。

3.2.1　服务业 FDI 对服务业集聚的作用机制

1. 服务业集聚的基本模式

　　通过对产业集聚理论的梳理,可以发现,产业集聚的发生与一定形式的集聚经济有关。马歇尔的"外部性"理论认为产业集聚源自企业追求外部规模经济;韦伯提出只要企业集聚带来的效益大于各个企业从布局分散的地区集中到一定空间所花费的运输费用和劳动成本,那么产业集聚就会发生;以克鲁格曼为代表的新经济地理学派则将产业集聚的发生机制归结于规模收益递增、要素流动和运输成本的共同作用。虽然这些理论各有侧重,但从产业集聚的过程可以看出,产业集聚的动力来自特定的优势。这种优势可以是内生性的,如资源丰富、劳动力成本低等;也可以是外源性的,如政策导向和 FDI 等。

因此,可以将服务业集聚的基本模式分成自发型和外源型两种。自发型模式在我国较为常见,通常该地区自然条件优越、资源丰富或劳动力成本低廉,以及市场需求较大,由此为当地的服务业形成专业化市场奠定产业基础,并提供相应的市场交易条件。之后企业通过不断创新、细致分工,从而拓展了产业链,吸引上游和下游企业,同时创造了充分的信息市场机制和劳动力市场机制,这些条件又进一步促进了服务业集聚区的发展。外源型模式,顾名思义,外源型服务业集聚的力量主要来自外部。一是政策引导力量。政府基于开发经济区或振兴产业的目的,设立特定的产业政策和方针,使得该地区获得不同于其他地区的制度收益,由此吸引更多的企业从外围地区进入集中地,从而带动更多的关联企业和机构向集聚区发展。二是 FDI。通常是某个发达国家独具慧眼的跨国企业发现了一个地方,该地区基础设施良好、资源丰富、市场环境较好,并且还可能具备一定的外商投资优惠政策,于是跨国企业在该地区设立公司。一般情况下,规模较大、知名度高的企业具有一定的号召力,在"跟进策略"的引导下,许多规模相对较小的同类企业开始向该地区转移,逐渐形成颇具规模的服务业集聚区。这种模式的服务业集聚区主要依靠一定数量的资本迁入得以实现,也是近年来常见的形式之一。

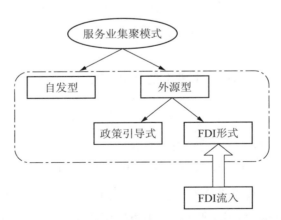

图 3.2　服务业 FDI 对服务业集聚的作用机制

2. 服务业 FDI 对服务业集聚形成的作用

经济全球化的愈演愈烈使得外资参与的产业集聚越来越普遍,这些外资企业的跨国行为目的通常是为了寻求新的市场或更加低成本的劳动要素,或者是为了选择一个资本报酬率更高的区域,而 FDI 这一企业行为在一定条件下又能够反过来促进区域集聚的形成。总体来看,FDI 对服务业集聚的作用主要体现在以下方面:

(1) 增加资本要素,扩大服务业集聚规模。外资的进入,首先带来的是资本要素的集聚,从而能够有效缓解当地建设服务业集聚的过程中可能面临的资金短缺问题。其次,跨国企业在服务业集聚区设立公司,使得集聚区内企业的数量和规模增加,由此扩大该服务业集聚区的规模。

(2) 提供就业机会,形成劳动力蓄水池。外资的进入,在扩大集聚规模的基础上还能带来更多的就业机会,与此同时能够吸引外来劳动力向当地集中,尤其是在服务业集聚区中吸引大量高技术、高素质的人才,从而形成具有一定规模的劳动"蓄水池",为集聚区提供充足完善的劳动要素。

(3) 推动技术创新,提高集聚区竞争力。产业集聚理论认为,创新是一种社会的集体努力,集聚区本身具有动态的学习机制,因此集聚效应有利于知识的外溢从而推动技术创新。FDI 通过示范效应和竞争效应,推动了集聚区内的技术创新。示范效应,即外资企业的入驻能够带来国外新技术、新产品和服务等,国内企业能够通过学习和模仿提升自身的技术水平。竞争效应,即外资企业的入驻加剧国内市场的竞争程度。为了在竞争激烈的市场上经久不衰,国内企业必须不断推陈出新,并加大研发力度。在服务业集聚区以技术推动发展的过程中,FDI 无疑成为先进技术的载体和创新者、区域竞争力提升的催化剂。

(4) 开拓海外市场,增加知名度。与国内企业相比,外资企业通常向母国或第三方国家提供产品或服务,因此,FDI 另一个较为显而易见的作用是有利于服务业集聚区开拓海外市场,集聚区内的企业更易于获取国际市场相关需求信息。另外,集聚区国际化的同时还能增强与外部市场的交流,提升海外知名度。

3.2.2　服务业集聚对服务业 FDI 的反作用机制

1. 服务业 FDI 的区位选择要素

关于 FDI 的区位理论,已有较为系统的阐述,但大多集中于制造业。服务业则有其特殊性。与制造业不同的是,服务业通常具有如下特征:一是无形性,与一般商品相比,服务不具有固定的空间形态,人们看不到、听不到也触摸不到,并且在有的情况下服务的效用或价值消费者不能立刻感觉到,往往要经过一段时间其作用才会显现出来,比如教育等。二是异质性,服务产品具有高度异质性,同样一种服务,由于时间、地点、人员甚至天气因素也会产生较大的不同,服务的优劣好坏具有很大的弹性,这为优质服务的创造开拓了广阔的空间。三是不可分离性,即服务的生产与消费不可分离,服务的生产者和消费者经常是全程参与到服务的生产过程中,两者之间的互动较为紧密,并且会影响到服务的质量以及消费者对服务的认知与感受。四是不可存储性,服务的提供者不能将服务产品囤积起来,消费者也不能将服务买回家享用,服务的生产和消费通常同时发生,这就使得服务产品具有极高的需求弹性,当然,如今信息技术的迅猛发展使得服务的不可存储性得以改变,而服务对需求的波动仍然较为敏感。

服务业的特殊性质使得服务业 FDI 的区位选择要素也有所不同。首先是需求的拉动。服务业对需求的波动较为敏感,而服务需求的不断提升也正是服务业 FDI 出现的重要原因。许多跨国企业一般希望与各国的消费群体或服务商建立长期的合作关系,而服务产品通过中间商的转移往往是不可能或者是低效率的,这就使得越来越多的服务型跨国企业开始出现,以获取更多的客户,有力地占领服务市场。

其次是成本的推动。服务业 FDI 在进行区位选择时面临的成本主要有风险成本、信息成本和劳动力成本。风险成本是指一个国家或地区的突发性事件所带来的经营性损失。外资进入不熟悉的国家或地区所面临的不确定性因素同样会产生风险成本。与制造业相比,信息交流对于服务业尤为重要,一个国家或地区的通信状况和条件对于投资者来说是一种经营成本。通信业发达的区域,可以运用现代先进科技实现通畅的信息交流以减少经营成本,提供工作效率。此外,服务业对于人力资本的要求较高,高素质人才较为丰富的地区,对于服务型跨国企业的吸引力较大。而如今技术进步使得许多制造型企业对劳动力的需求越来越少,这部分需求很快被迅速增长中的服务业吸收,因此也不难理解,我国许多制造业相对先进的地区服务业发展也相对较快,其中汇聚了众多服务型外资企业。另外,劳动力成本也会影响服务业 FDI 的区位选择,为了降低成本,许多跨国企业纷纷转移到发展中国家,以谋取廉价劳动力从而获得竞争优势。

第三是市场基础。市场基础包括基础设施状况、政策因素以及服务业开放程度。当地的交通、电信、公共设施都会成为服务业 FDI 的隐性成本,跨国企业在选择投资地区时,往往会将这些条件作为硬件因素纳入考虑范围。政策因素主要是服务业 FDI 政策,服务产品多为知识资产,没有固定形态,因此服务业比制造业更需要相应的法律法规来保护,服务业的投资安全也需要得到政策方面的保障。服务业的开放程度通常指一个国家是否利用关税、配额等一系列贸易壁垒来限制外资的进入,这些条件都会加大外商投资的风险,于是成为外资进行区位选择的考虑因素。

2. 服务业集聚对服务业 FDI 的影响

服务业 FDI 区位选择要素(需求、成本和市场基础)能很好地通过服务业集聚得以加强。具体而言,服务业集聚对服务业 FDI 的吸引力表现在静态成本优势和动态累积优势两个方面(见图 3.3)。

图 3.3　服务业集聚对服务业 FDI 的引力因素

(1)静态成本优势。市场规模、基础设施以及人力资本固然重要,而成本自始至终是外商投资考虑的一大要素。服务业集聚的静态成本优势主要体现在:一是集聚区内各个企业共享公共设施,这样能够减少由于分散布局所带来的额外投资;二是集聚区内企业之间通过建立相互信任关系,降低了交易成本和信息成本;三是集聚区聚集了充足的熟练劳动力以及中高级管理和技术人员,劳动力的自由流动能够保证人力资本的有效供给,由此降低了员工培训的成本。

(2)动态累积优势。服务业集聚对服务业 FDI 的影响不仅体现在静态的成本节约上,服务业配套环境、外资集聚效应、经济开放度和区位品牌优势综合而成的动态累积优势的作用更为突出。

① 服务业配套环境。集聚形态比分散布局更有利于各个企业依靠价值链的节点相互建立密切联系,集聚区内的政府、大学或研究机构、中介服务组织等相关

支撑体系也更为完善,企业之间、企业与各个组织之间通过建立长期有效的合作,需求信息能够及时获得,中间流程能够大大缩短,服务产品能够迅速销售,与此同时也能保证服务产品的质量,从而形成相对完善的产业配套环境。跨国企业就是利用这种集聚而成的动态累积优势,增强对服务产品的设计、市场需求等方面的快速应变能力,提高自身的经营灵活性。

② 外资集聚效应。FDI 的增量通常受到存量的影响,外资在进行区位选择时会面临诸多不确定因素,在分析市场环境、获取市场信息等方面存在一定缺陷。因此跨国企业的投资行为往往会采取"跟进策略",选择外资集聚区进行投资,也就是说,服务业集聚区内原有的 FDI 会为后续的投资行为减少信息成本,降低投资风险,增强投资信心。另外,外资集中程度高的地区高级技术人员和高级管理人员相对较多,产业科技水平也相对较高,由此更加吸引新的外资企业进入集聚区内。

③ 经济开放度。一个地区的集聚效应若要实现有效发挥,经济开放是重要因素之一。经济开放程度较高的集聚区一般有以下优势:一是集聚区内资本能够迅速集中及获得,劳动力、信息和技术能够自由流动;二是市场需求量大,集聚形成的规模优势以及集聚企业与外部市场保持的长期合作关系使得需求市场规模庞大,服务产品能够实现较快销售;三是集聚区通常享受一定鼓励优惠政策,政府限制相对较少,如此企业能够实现较高的经营效率,有利于吸引更多的服务业 FDI。

④ 区位品牌优势。北京的中关村、金融街,上海的陆家嘴、张江高科等这些耳熟能详的名称都是区位品牌。在激烈的市场竞争中,单个企业的生命周期对于历史长河来说都是短暂的,品牌效应往往难以持久。集聚的好处就在于打破了单个企业的时间限制,以空间换取时间,集聚区内的企业经过市场竞争长期的洗涤和提炼,实现更具广泛持久意义的品牌效应。这种独特的动态累积优势不仅吸引了众多消费者的眼球,更凝聚了外商直接投资者的注意力,因为对于缺少本地经验的外资企业来说,区位品牌无疑是一笔能够实现较大投资收益的无形资产。

3.2.3　服务业 FDI 拉动服务业国际化发展

综合上述分析,可以将服务业 FDI 和服务业集聚的相互作用总结为循环累积因果机制。循环累积因果理论,最初由著名经济学家 Gunnar Myrdal(1957)提出,他认为,在动态的社会经济过程中,一个社会经济因素的变化,会引起另一社会经济因素的变化,而后者的变化又会反过来加强前者的变化,从而导致社会经济朝着最初的因素变化的方向发展。克鲁格曼将这一理论运用到经济地理的分析中,他指出,某一特定产业的生产区位是不确定的,历史和偶然事件都对其产生了长远的影响,当最初的收益递增的生产模式确定下来,基于累积因果效应,这种状态会一直延续并发展下去,形成路径依赖。产业集聚的发展更趋向于由偶然事件激发、由累积循环驱动的动态过程。

首先,起初一些 FDI 进入当地的服务业,其他外来资本会选择跟进策略,跟随其进入,形成外源型模式的服务业集聚,同时,外资的进入又能促进当地与外部环境的交流,强化企业之间的外部合作。服务业 FDI 通过资本集聚、扩大规模、增加需求、推动创新以及吸引人力资本等方式促进服务业集聚的发展。

其次,服务业集聚又对 FDI 产生巨大的吸引力,对于 FDI 的选址来说,集聚因素是一大潜在优势,服务业集聚在静态成本和动态累积两个方面对服务业 FDI 产生积极的效应,即服务业集聚有助于降低静态成本、优化服务业配套环境、提高区域品牌形象,进而形成区域竞争优势。服务业 FDI 与服务业集聚就是通过这种循环累积因果机制(见图 3.4),相互作用,相互促进,实现良性发展,推动区域服务业的可持续发展。

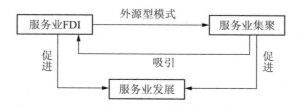

图 3.4　服务业 FDI 与服务业集聚互动机制

FDI 拉动模式为服务业国际化提供了持久的发展动力。服务业 FDI 与服务业集聚是相辅相成的促进关系。服务业 FDI 带来的不仅仅是增加资金、扩大就业、提高技术,更重要的是服务业 FDI 的流入能够进一步促进地区建立完善的产业基础和产业网络,推动服务业的集聚发展。而服务业的集聚式发展,通过形成强大的地区竞争优势,吸引服务业 FDI 的进一步流入。最终形成服务业 FDI 和服务业集聚相互作用的良性循环累积因果机制。

为吸引服务业 FDI 和服务业国际化水平提升,政府在制定政策时,应将引资战略与集聚战略相结合。服务业要实现可持续发展,离不开 FDI 的作用。FDI 的引入能够带来先进的技术、制度以及经营理念等,这都将为本地企业的发展注入新鲜的血液。因此,政府在开发服务业集聚区的同时,应积极利用经济全球化的发展机遇,加大对 FDI 的产业导向力度,促进 FDI 与服务业集聚的互动式发展,提升服务业国际化水平。

3.3 服务外包模式

服务外包是服务业的一种新业态,可以极大地促进服务业的发展。通过服务外包,企业将信息服务和商务流程等业务发包给企业外第三方服务提供者,以降低成本、优化产业链、提升企业核心竞争力。由于全球服务外包的迅速发展以及其所蕴藏的巨大发展潜力,服务外包已经成为服务业国际化的主要业态和发展经济的一个新增长点。

3.3.1 我国发展服务外包的背景

我国高度重视发展服务外包,我国商务部在 2006 年 10 月提出了实施服务外包"千百十工程",即"十一五"期间,在全国建设 10 个具有一定国际竞争力的服务外包基地城市,推动 100 家世界著名跨国公司将其服务外包业务转移到中国,培育 1 000 家取得国际资质的大中型服务外包企业,创造有利条件,全方位承接国际(离岸)服务外包业务,并不断提升服务价值,实现 2010 年服务外包出口额在 2005 年基础上翻两番。

自 2006 年起至今,商务部已经先后认定了 21 个中国服务外包基地城市和示范城市。这 21 个城市是:大连、西安、成都、上海、深圳、北京、杭州、天津、南京、武汉、济南、合肥、长沙、广州、哈尔滨、重庆、大庆、无锡、苏州、南昌和厦门。

3.3.2　我国发展服务外包的动因

世界产业战略转移的大趋势正从生产外包转向服务外包。越来越多的企业通过购买第三方提供的服务来完成原来企业内部完成的工作。"外包"并不仅是简单地将企业内部的工作和流程转移到外部,还伴随着产业分工的继续深化,并逐步发展和开始形成多种新兴服务业,包括软件外包、物流外包和人事培训外包等。这些新兴的服务业统称为服务外包。服务外包是当前以跨国公司为主体的国际服务业转移的新形式和主要业态。服务外包按承接外包的境内外地域分,包括"在岸(域内)外包"和"离岸外包";按业务领域分,主要有信息技术外包(ITO)、商务流程外包(BPO)和知识流程外包(KPO),其中信息技术外包占据超过 60% 的全球市场份额。由于服务外包可大大降低成本、优化产业链、提升企业核心竞争力,因此近年来全球服务外包发展极其迅猛。据联合国贸发会议(UNCTAD)估计,未来几年全球服务外包市场将以 30%—40% 的速度递增。在此背景下,世界各国都争相发展服务外包。而我国发展服务外包还有一些独特的动因,具体如下:

1. 我国发展服务外包潜力巨大

事实上,服务外包在产生之初即与产业国际转移密切相关,并在发展中国家取得了蓬勃的发展。我国的服务外包起步较晚,至今规模还很小。2007 年,我国以 21 738 亿美元的货物进出口总额继续保持全球第三大贸易国的位置,但服务贸易却相对滞后,为 2 500 多亿美元,仅占我国贸易额的 10% 左右,远远低于 19% 的世界平均水平。而服务外包中的离岸外包属于服务贸易的范围。以软件外包出口为例,2007 年我国软件服务外包的出口额首次突破 10 亿美元,而目前全球离岸外包的潜在市场规模已经达到了 4 650 亿美元,2010 年,全球离岸外包的潜在市场规模增长到 6 000 亿美元。而中国的服务外包市场规模已从 2005 年的 45.48 亿美元发展到 2009 年的 79.46 亿美元,未来还蕴藏着极大的发展空间。显然,无论从国际还是国内来看,我国发展服务外包的潜力巨大。

2. 发展服务外包将进一步拉动我国出口增长

随着我国经济实力的不断提升,我国出口的主要产品已经由传统的农产品和初级产品转向工业品。而发展服务外包是为了进一步提升出口产品的结构,将出口转向服务贸易。实质上,发展服务外包不仅是因为服务外包背后巨大的经济利益,更在于这一新型出口方式将会引起我国贸易增长方式和经济增长方式的变革,因为离岸外包是服务贸易的新方式,是一种全新的出口方式。服务外包产业不同于传统的制造业,它对环境没有污染,有助于扩大我国企业在国际服务市场的份额,提升我国企业参与国际竞争的能力。同时,承接全球离岸服务外包也是劳务输出的新方式,相当于在境内实现了劳务出口。离岸服务外包主要集中在知识、技术密集型行业,如 IT、金融等行业,这将极大提高知识、技术密集型劳动力的比例,必将进一步拉动我国出口的增长。

3. 发展服务外包将吸引更多的外资来华投资

全球服务外包业务是跨国公司将非核心业务向公司外转移、发达国家将制造业和服务向低成本国家和地区转移共同作用的结果,它将进一步推动国际资本流动,有利于培育吸收外商投资的新增长点,优化外商投资的产业结构,提高吸收外商投资的质量。同时,服务外包业务的发展将有助于提高当地服务业的专业化水平,降低当地的商务成本,优化当地的投资环境,提高吸引外资的能力。我国在继续鼓励外商投资先进入制造业的同时,已经高度重视跨国公司服务外包的新趋势,积极创造条件,以新的方式拓展吸收外资的新领域。近年来,我国已经开始从单纯吸引先进制造业投资为主转向引进先进制造业和现代服务业(包括国际服务外包)投资并重。我国应抓住当前国际服务业转移的大好时机,大力发展服务外包,以此吸引更多的外资来华投资。

4. 发展服务外包将加速我国先进制造业的发展

改革开放以来,我国制造业的发展取得了长足的进步。目前,我国制造业正处于从传统制造业向先进制造业提升的关键阶段。而服务外包使制造企业将非核心生产环节外置化、独立化和专业化,使分工更加深化和细化。实践证明,制造企业实行服务外包,将信息服务、物流服务、人事培训和商务流程等外包给专业性更强的企业外第三方,可以极大地提高企业的运作效率,使制造企业全力以赴培育自己的核心竞争力,实现生产效率和能力的成倍提升。可见,发展服务外包对于我国突破传统制造业发展的瓶颈、跻身世界先进制造业显得尤为关键和紧迫。

3.3.3　我国发展服务外包的优势

事实上,我国不仅具有发展服务外包的动因,更有发展服务外包的优势,这些优势主要体现在以下方面:

1. 依托制造业优势,服务外包内外需求旺盛

截至 2012 年底,我国工业占 GDP 40% 左右,制造业占全球比重提升到19.8%,规模位居世界第一,220 余种工业产品产量都位居世界前列,我国已经成为名副其实的全球制造业大国和世界工厂。事实上,唯有制造业的发达,制造企业才有可能将服务外包出去,才能产生对服务外包的需求。而我国的制造业基础雄厚,我国在大力吸引国际服务外包的同时,更可以利用自身的制造业优势积极发展我国本土制造企业的服务外包,即内需型的在岸服务外包。较强的本地制造业实力是我国发展服务外包的最有力支撑。我国自身经济的迅速发展,对于服务外包的需求是在岸外包的内需和离岸外包的外需双重叠加,此优势是任何其他国家和地区都无法比拟的。

2. 综合环境优势

我国发展服务外包具有其他国家或地区不可比拟的综合环境优势,这些优势至少包括以下方面:宏观经济的持续高速增长;政府职能的转变,办事效率的提高;良好的社会安全稳定体系;国际化程度正在进一步提高;法制建设也正在进一步推进;信息化水平已经达到一定的高度;拥有了一大批高端人才;产业结构比较均衡,门类配套齐全等等。

其中,值得一提的是,我国在改善硬环境的同时,也注重软环境的改善,特别是政府职能的转变,因为综合环境的改善和政府职能的转变联系紧密。我国政府从服务政府、责任政府和法制政府三个方面来进行努力,政府职能的转变是综合环境优势的具体体现。近年来,我国政府结合我国的具体情况,注意从优惠政策逐渐向发挥综合环境优势来吸引外资和民营资本,进一步提高政府的办事效率。另外,在信息化的时代,信息公开既是一种投资环境,也是政府职能转变的一项重要内容。我国已经建立了新闻发言人制度,及时披露信息,做到信息公开。除了信息公开以外,我国政府正朝着办事公开和规范,提高办事效率的方向努力,因为这样更有利于综合环境的改善。

3. 人才优势

由于服务外包企业主要是技术和知识密集型企业,需要大量的中高层次人才,如软件外包企业招聘的员工 90% 以上是本科生。而我国人力资源充足,具有大批受过高等教育的高素质劳动力,具备大量高素质、低成本专业技术人才优势。经过连续多年的扩招,全国高等教育总规模已突破 2 500 万人,毛入学率达到 23% 以上,高等教育进入了大众化阶段。随着招生规模的持续增长,全国普通高校的应届毕业生人数已由 1998 年 100 万人增长为 2006 年的 400 万人以上,到 2008 年已经突破 500 万人,2010 年突破 600 万人,2012 年为 680 万人,2013 年为 699 万人。充沛的劳动力供给使得我国更具劳动力成本优势。我国劳动力成本仅为印度的 70%,美国的 1/8。我国低成本、富有才干的技术人才是开展服务外包的一大优势。

4. 产业集聚优势

我国发展服务外包将聚焦重点区域,积极开展服务外包基地城市、示范区和集聚区的认定工作。目前,我国已经建立起多个服务外包的产业集聚区。以上海浦东为例,已经陆续建立了张江软件出口、生物医药研发和金融后台服务示范基地,金桥研发设计服务示范基地,陆家嘴信息服务示范基地,以及外高桥信息技术和物流服务示范基地等。目前,以国家级软件出口基地为核心的浦东软件园集聚了 1 000 多家软件外包企业,2007 年出口额超过 3 亿美元,相当于菲律宾整个国家的年度规模,已成为我国出口规模最大的软件外包基地。张江药谷内已有 30 多家企业加盟上海生物医药研发外包基地,在张江的金融信息产业基地也吸引了一批金融后台服务企业入驻。我国还将在符合条件的专业产业园区或服务业集聚区内,建立更多的服务外包产业集聚基地,这也成为我国发展服务外包的一大优势。

除上述优势外,我国发展外包服务业还有很多其他的优势,例如我国改革开放 30 多年来大力发展的基础设施建设,使得我国城市具有非常好的道路和通讯系统等,有些已经达到了国际先进水平,这些都是发展服务外包的重要优势。

3.3.4 我国发展服务外包的重点领域

依据上述优势,我国发展服务外包应该聚焦以下两个重点领域。

1. 外向型服务外包

积极承接外向型服务外包业务,能提升服务业国际化的规模和能级,转变经济发展模式,增强国际竞争力。尤其注重承接发达国家的离岸外包,这是发展以服务经济为主产业结构的重要突破口,是转变对外贸易方式、推动货物贸易向服务贸易转变的重要途径。

近年来,中国的服务外包产业得到了迅速发展,从无到有,规模不断扩大,领域逐步拓宽,已经成为全球第二大离岸外包目的地国家。商务部统计数据显示,2010年我国已登记的服务外包企业已超过 10 000 家,其中有离岸结汇记录的服务外包企业超过 3 000 家。2010 年,我国离岸服务外包保持高速增长,全年完成离岸服务外包收入 144.5 亿美元,同比增长率为 43%,占全球离岸外包市场的 13%。尽管从服务外包总量来看仍然低于印度 54% 的市场占有率,但是我国离岸服务外包产业的发展速度遥遥领先于印度 18.7% 的增长率。

过去的几年中,我国服务外包产业凭借巨大的国内市场及政府支持等要素成功渡过了全球金融危机。而在金融危机之后,尽管仍然面临着世界经济发展不确定性的巨大考验,我国离岸服务外包产业却迎来了更大的发展机遇——跨国公司后台、研发等业务由欧美向亚太、中东欧等地区加速转移的趋势。在这次业务转移的浪潮中,中国凭借其日益完善的基础设施和投资环境、稳定的人才供应和运营成本等优势,毫无疑问将成为全球离岸服务外包业务的第二大中心。"十二五"是中国服务外包产业实现跨越发展、整体提升,创造国际竞争新优势的关键时期,我国在全球离岸外包市场中的品牌和地位将进一步巩固提升。

随着信息技术的发展和全球服务产业的转移,向世界提供知识密集型的"中国服务"正成为趋势。"中国服务"未来的市场规模或许可以与现在的"中国制造"比肩。近 10 年来,跨国公司的生产性服务业在中国的离岸外包业务越来越多。这些生产性服务业主要包括:金融、物流、研发、设计、咨询、软件信息技术、文化创意等服务业。目前,全球服务外包总量为 8 000 多亿美元,离岸外包为 1 000 亿美元左右。根据联合国贸发会的预测,未来几年全球服务外包市场每年将以 30%—40%的速度增长,这为我国服务外包产业发展提供了历史机遇。

我国在国际外包市场的力量正日渐引起世界关注。我国各地区和城市也纷纷抓紧这一历史机遇大力发展离岸外包业务。国家"十二五"规划纲要中也特别提到,要积极承接国际产业和沿海产业转移,培育形成若干国际加工制造基地、服务外包基地。同时,商务部在工作要点中强调:要鼓励国内企业承接国际服务业转移,加强服务外包人才培养和公共平台建设;创新支持政策,鼓励服务外包示范城市探索符合本地实际和特点的发展模式。其中四大产业集群和城市都将离岸外包业务作为规划重点和目标市场。

目前,我国服务外包产业主要聚集在东部沿海和大城市。长三角、环渤海、珠三角和中西部地区分别占64%、22%、5%和9%(截至2009年底,见图3.5)。其中,长三角和珠三角地区是国内接包离岸外包业务最集中的区域。这两个区域多港口城市,国际经贸往来密切;经济发达,外包产业相对发达,基础设施完善;人才优势明显,具备充足的各行业高素质人才储备。

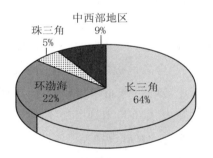

图3.5 我国服务外包产业区域分布

各地也纷纷将发展离岸服务外包作为重点:如北京要大力发展离岸服务外包市场,积极拓展欧美和日本市场,打造离岸外包交易中心;江苏将坚持离岸外包和在岸外包相结合,培育和开拓服务外包市场,建立和完善接、发包服务平台,大力提升服务外包产业层次,抢占产业制高点;杭州在把握日韩外包市场趋势的同时,关注欧美离岸服务外包市场的发展;重庆要基本建成国内最大离岸外包数据开发和处理中心等等。

我国各地区和城市纷纷发力离岸外包,积极承接离岸外包业务。以江苏省为例,江苏离岸外包业务总量占全国离岸外包业务总量近三成。2010年,江苏省离岸外包执行金额为40.6亿美元,约占全国总额的28%,同比增长45.1%。2012年前4个月,江苏省离岸外包执行金额达21.3亿美元,同比增长150%,继续保持了快速发展的势头。目前,江苏省拥有南京、苏州、无锡三个国家级服务外包示范城市,6 个省级服务外包示范城市和 34 个省级服务外包示范区,在商务部统计系统登记的外包企业达 4 261 家,从业人员达 55 万人,外包发包市场遍及美国、加拿大、英国、法国、德国、日本等 100 多个国家和地区。投资江苏的世界著名服务外包企业已有 60 多家,基本形成了软件外包、动漫创意、工业设计、医药研发、供应链管理、金融后台服务等具有比较优势的服务外包产业集群。

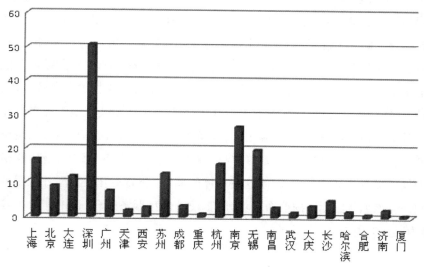

图 3.6　我国 21 个服务外包示范城市 2010 年离岸服务外包收入对比

2. 内需型服务外包

事实上,服务外包的覆盖领域和涉及行业,远远大于时下笼统划分的信息技术外包、商务流程外包和知识流程外包三大类。按照国际公认的服务外包概念,其可包括 18 个行业大类(包括财务会计、业务流程软件、工程、人力资源、制造业、设备管理、翻译服务、法律支援、广告和营销、呼叫中心、信息技术、电信服务、印刷与出版、运输和物流、教育与培训、图像多媒体、动漫制作、写作与编辑)。我国在积极发展外向型服务外包的同时,也不能忽视国内业务天地最为广阔的内需型服务外包。内需型服务外包是外向型服务外包的基础,可以说内需型服务外包更为丰富,涉及的行业领域更广泛,发展的前景也更广阔,特别是随着我国政府与现代服务业之间的互动合作更趋紧密,服务外包已成为我国本土企业提高市场竞争力、优化资源配置、降低综合成本的一种重要手段和必由之路。可以预见,我国内需型的企业服务外包市场一旦被全面推开和广泛采用,那么其巨大的发展空间和无限的市场商机将是外向型服务外包市场所无法比拟的,必将为我国服务外包的长足发展注入旺盛的活力和强劲的动力。而内需型服务外包完全由我国本土内需所产生,受世界经济大环境的影响小,其中蕴含着更为巨大的发展潜力。

内需型服务外包的业务主要包括:供应链与物流、装备制造业融资性租赁、第三方品质检验、第三方产品测试、产品 OEM(委托加工制造)、ODM(委托设计加工制造)等等。此外,我国各地的工业园区正在加速实施功能服务转型,即从原先园区的三大职能(房产开发商+物业管理公司+招商引资办公室),向提供双值服务(超值服务、增值服务)、努力使工业园区与入驻企业共同成长的方向转型,从传统工业园区向后工业园区转型,这就需要在园区内加快构建共享型服务平台和服务载体,其中包括:全天候设备维修中心、设备租赁中心、品质检测中心、工装设计中心、样品制造中心、高技能人才推荐中心、循环经济指导中心、海外产业转移指导中心、会展传媒服务支持中心等,而这些载体的属性,都离不开内需型外包服务。总之,我国应该抓住国际国内两个市场,既重视外向型服务外包,也不能忽视发展潜力更为巨大的内需型服务外包。

3.3.5 我国发展服务外包的路径:依托制造业优势,从在岸外包到离岸外包

唯有制造业的发达,制造企业才有可能将服务外包出去,才能产生对服务外包的需求。对一国而言,该国境内的制造企业直接产生内需型的在岸外包,该国境外的制造企业直接产生外需型的离岸外包。在岸外包是离岸外包的基础。可以说,在岸外包更为丰富,涉及的行业领域更普遍,发展的前景也更广阔。一般而言,在岸外包由于与本地制造业联系更为紧密,所以其涵盖的业务种类更为广阔,业务涉及较多行业大类,而离岸外包的业务要根据国外需求而定,所以其业务领域只是涉及部分行业大类中的部分行业。

我国制造业基础雄厚,我国在大力吸引外需型的离岸外包同时,更可以利用自

身的制造业优势积极发展我国本土制造企业内需型的在岸外包。由前述现状分析可知,我国目前在岸外包只占服务外包总量的三成左右(见本书 1.3.3)。在目前全球经济持续低迷的背景下,依托我国的制造业优势,大力发展内需型的在岸外包具有特别重要的现实意义。

由于在岸外包和离岸外包只是以服务外包是否跨越国界作为依据而划分的,在业务内容上,两者没有本质的区别。也就是说,在岸外包和离岸外包两者之间存在着业务上的重合(见图 3.7)。随着我国制造业优势所产生的在岸外包业务的不断拓展,其所具有的竞争力优势、比较优势、成本优势和市场优势会愈发显现,必然会带动相应的离岸外包迅速发展。

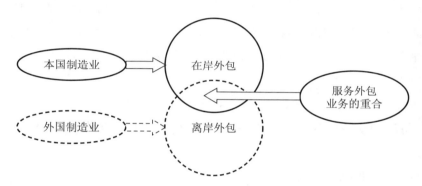

图 3.7　依托制造业优势带动离岸外包发展的路径

可见,较强的本地制造业实力成为我国发展服务外包的最有力支撑。依托制造业优势,我国可以走出一条从在岸外包到离岸外包的发展路径。我国对于服务外包的需求是在岸外包的内需和离岸外包的外需双重叠加。此优势是任何其他国家和地区都无法比拟的,必将大幅提升我国离岸外包的发展。

第4章
中国服务业国际化水平提升的实证研究

本章我们将对提升我国服务业国际化水平进行实证研究。首先通过建立综合指标的方法对我国服务业国际化水平进行评价。在此基础上,对提升我国服务业国际化水平的理论方向和理论方法分别进行实证检验。

4.1 我国服务业国际化水平综合指标的构建与评价

4.1.1 文献回顾

服务的无形性、不可分割性、不易储藏性和异质性,导致其难以标准化和规模化。许多学者也始终质疑服务业国际化的可能性。然而,服务业国际化毕竟已成为全球新趋势,也逐渐表现出不同于制造业国际化的特征。近年来逐渐丰富的服务业国际化研究,主要围绕服务业国际化的动因展开。

1. 基于市场寻求的国际化

Li 和 Moshirian(2004)对美国保险业吸收外资活动的情况进行了研究,认为保险业跨国公司通过 FDI 来规避由国际交易市场不确定性引起的投资风险,同时提高海外投资者意向;Czinkota(2009)通过美国高校 MBA 项目的国际合作来研究知识密集型服务业的国际化,认为影响因素包括学院规模、潜在市场、合同风险等市场因素。

2. 基于竞争优势的国际化

Erramilli 和 Rao(1993)认为资产专用性高的服务企业倾向于 FDI,而它又受到资本密集度、服务不可分割性、文化距离、东道国风险和企业规模等因素的调节作用。Seggie 和 Grifith(2008)发现基于资源匹配的资产组合所带来的竞争优势对服务业海外投资具有直接影响;Manger(2008)通过研究智利服务业 FDI,认为影响服务业国际化的区位因素包括双边投资条约、优惠贸易协定、不完全竞争及政策管制力等。

3. 基于效率寻求的国际化

Mueller 和 Lovelock(2000)以中国电信服务业为例,认为中国电信服务业的对外开放是出于获取国外资本和技术的动机,并借此提高国内行业竞争效率;Gebauer和Fleisch(2007)以制造业服务部门的对外投资为对象,肯定其动因为克服跨国投资的管理风险,并证实管理风险规避和效率提升对服务部门投资的决定性影响。

我国国内学者对服务业国际化的研究从近年开始,处于探索阶段。孙晓峰(2004)认为产业升级是服务业国际化的动力;刘辉群、顾蕊(2005)分析了国际服务业转移背景下我国服务业国际化的发展潜力,指明中国承接国际服务业转移应依托传统优势行业和新兴行业两大领域;郑琴琴(2008)认为,服务业国际化来源于对特殊专用技术以及跳跃性知识的关注。竞争重心由关注产品向关注服务过程转移,以服务过程和质量决定竞争优势。

服务业国际化趋势已日益明显,其贸易及投资活动也由最初的简单出口和销售贸易逐渐向更为复杂的企业扩张转移。提升我国服务业国际化水平是我国未来经济工作的重点,为此首先要对我国服务业国际化水平有清楚的了解。

4.1.2　指标选取

为了更加清晰明了地体现出我国服务业国际化水平,在这一部分将通过建立综合指标,并选取世界上服务业发展水平高、发展速度快、参与服务业全球化程度高的国家与我国进行比较,做出更为直观的评价。

综合指标的建立方法有很多,下文将采用加权求和的方法,通过对各个能反映服务业国际化水平的统计指标赋予权重,再相加,得到评价服务业国际化水平的综合指标。如前文所述,评价一国服务业国际化的水平在宏观上通常用服务贸易发展水平和服务业 FDI 来衡量。同时,离岸服务外包已经成为服务业国际化发展的主要趋势,所以本章将从这三个方面选取统计指标。

(1) 国际服务贸易指标。选取服务贸易进口额(STI)和服务贸易出口额(STO),它们代表了一国服务贸易的整体状况。

(2) 服务业 FDI 指标。相较于服务业 FDI 流出,服务业 FDI 流入更难以控制,且对一个国家的服务业国际化影响也更大,故选择服务业 FDI 流入流量($SFDII$)作为服务业 FDI 指标。

(3) 离岸服务外包指标。近年来全球服务外包发展迅猛,由于服务外包中的离岸服务外包是服务贸易的重要组成部分,故本书再加上离岸服务外包指标。由于服务外包统计工作较为滞后,统计数据难以获得,考虑到其是国际服务贸易的一部分,并且服务贸易中的其他服务项主要部分是服务外包项目(通信、计算机和信息服务、金融和保险服务、咨询服务、会计服务和法律服务等),因此选取服务贸易出口额中的其他服务贸易出口额作为承接离岸服务外包额(SO)的代理变量,以便于国际比较。

国家选取方面,受限于行业细分数据的可得性,我们选取 6 个 OECD 成员国(美国、英国、法国、德国、西班牙和日本)以及服务外包发展最为强势的印度来与我国进行比较研究,共 8 个国家。①

4.1.3 构建方法

制定各个指标权重时采用主成分分析的思路,尽量避免人为的主观性和随意性。本章将选取全球金融危机后 2009 年各国的相关数据进行主成分分析,来决定各个指标的权重,横向分析不同国家服务业国际化的水平;然后以此权重计算其他年份各国综合指标的数值,便于纵向分析各国在不同年份服务业国际化水平的

---

① 服务业 FDI 中,中国数据来自中国各年份统计年鉴,印度数据来自 Bloomberg 数据库,其他国家数据来自 OECD 统计数据库。中国统计数据与 OECD 统计数据在大体口径上相同(参照 UNCTAD 的整体数据对比),印度由于对于服务行业划分与其他国家略有不同,口径较小,因此存在一定程度的低估,但印度本身服务业 FDI 流入规模相对样本中其他国家就非常小,因此对分析结果影响不大。

变化。

主成分分析法的基本原理是通过正交变换,将其分量相关的原随机向量转化成其分量不相关的新随机向量,这在代数上表现为将原随机向量的协方差阵变换成对角形阵,在几何上表现为将原坐标系变换成新的正交坐标系,使之指向样本点散布最开的正交方向,然后对多维变量系统进行降维处理,使之能以一个较高的精度转换成低维变量系统,再通过构造适当的价值函数,进一步把低维系统转化成一维系统。具体步骤如下:

(1)原始指标数据的标准化。采集 p 维随机向量 $X=(x_1, x_2, \cdots, x_p)^T$, n 个样品 $x_i=(x_{i1}, x_{i2}, \cdots, x_{ip})^T$, $i=1, 2, \cdots, n$, $n>p$,构造样本阵,对样本阵元进行如下标准化变换:

$$z_{ij}=\frac{x_{ij}-\bar{x}_j}{s_j}, \ i=1, 2, \cdots, n; \ j=1, 2, \cdots, p$$

其中 $\bar{x}_j=\dfrac{\sum_{i=1}^n x_{ij}}{n}$, $s_j^2=\dfrac{\sum_{i=1}^n (x_{ij}-\bar{x}_j)^2}{n-1}$,得标准化阵 Z 。

(2)对标准化阵 Z 求相关系数矩阵。矩阵表达式为

$$R=[r_{ij}]_p x p=\frac{Z^T Z}{n-1}$$

其中, $r_{ij}=\dfrac{\sum z_{ki} \cdot z_{kj}}{n-1}$, $i, j=1, 2, \cdots, p$ 。

(3)解样本相关矩阵 R 的特征方程 $|R-\lambda I_p|=0$ 得 p 个特征根,确定主成分。

按 $\dfrac{\sum_{j=1}^m \lambda_j}{\sum_{j=1}^p \lambda_j} \geqslant 0.85$ 确定 m 值,使信息的利用率达 85% 以上,对每个 λ_j , $j=1, 2, \cdots, m$,解方程组 $Rb=\lambda_j b$ 得单位特征向量 b_j^o 。

(4)将标准化后的指标变量转换为主成分:

$$U_{ij}=z_i^T b_j^o, \ j=1, 2, \cdots, m$$

U_1 称为第一主成分, U_2 称为第二主成分, $\cdots\cdots$, U_p 称为第 p 主成分。

(5) 对 m 个主成分进行综合评价。对 m 个主成分进行加权求和,即得最终评价值,权数为每个主成分的方差贡献率。

主成分分析法对各变量进行标准化处理,是为了消除变量量纲相差过大时对小量纲变量所提供信息的忽略,但是各年份数据分别标准化后无法反映同一变量在不同年份的变化(主成分分析是对于截面数据的分析,并不考虑时间变化。而本书想要比较不同年份的变化,如果对各个年份数据分别做标准化处理使其方差变为 1,将难以反映不同年份变量的增加或减少)。为了达到纵向比较不同年份各国服务业国际化发展水平的目的,本书将统一采用 2010 年各变量标准化时所采用的方差和均值来代替其他年份数据当年的方差和均值做标准化计算。主成分分析采用 STATA10.0 统计软件完成。

4.1.4 实证结果

1. 服务业国际化水平的指标排名

各国选取的 4 大指标数值见表 4.1。

表 4.1 各国选取指标数据

国 家	STI(亿美元)	STO(亿美元)	SFDII(亿美元)	SO(亿美元)
中 国	1 589.47	1 295.49	385.281 7	663.055
法 国	1 274.16	1 434.74	377.077	619.615
德 国	2 571.23	2 325.88	302.597 9	1 457.71
印 度	809.959	905.984	61.16	684.996
日 本	1 487.18	1 283.38	81.436 36	863.971
西班牙	873.893	1 230.85	−110.1	516.046
英 国	1 667.6	2 395.64	328.941 2	1 775.06
美 国	3 707.01	5 047.66	839.35	3 149.08

数据来源:根据中国历年统计年鉴、OECD 数据库、BLOOMBERG 数据库整理。

图 4.1 列出了各个成分的特征值、方差和方差贡献率以及成分特征值向量。可以看出,只有成分 1 的特征值大于 1,并且其解释了总体 91.66% 的方差,基本已经包含了全部信息。而成分 2、3、4 的特征值均小于 1,对总体方差的贡献率也很

小,分别为 5.64%、2.26% 和 0.44%,按选取累计方差贡献率＞85% 的原则,均可忽略不计。

```
. pca sti sto sfdii so

Principal components/correlation          Number of obs    =         8
                                          Number of comp.  =         4
                                          Trace            =         4
       Rotation: (unrotated = principal)  Rho              =    1.0000
```

Component	Eigenvalue	Difference	Proportion	Cumulative
Comp1	3.66645	3.44073	0.9166	0.9166
Comp2	.22572	.135517	0.0564	0.9730
Comp3	.090203	.0725769	0.0226	0.9956
Comp4	.0176261	.	0.0044	1.0000

```
Principal components (eigenvectors)
```

Variable	Comp1	Comp2	Comp3	Comp4	Unexplained
sti	0.5045	-0.0666	-0.8539	0.1091	0
sto	0.5133	-0.2876	0.2265	-0.7762	0
sfdii	0.4767	0.8474	0.2240	0.0667	0
so	0.5047	-0.4413	0.4115	0.6174	0

图 4.1　主成分分析结果

通过碎石图也可以看出成分 1 特征值超过了 1,成分 2、3、4 可以放心省略。

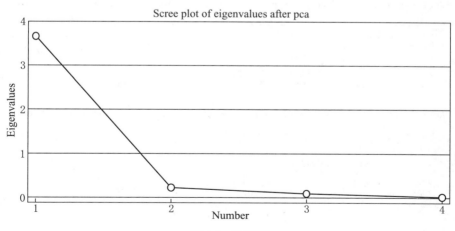

图 4.2　碎石图

图 4.3、图 4.4 和图 4.5 分别给出了对本次主成分分析的 Kaiser-Meyer-Olkin 检验结果、SMC 检验结果和反映象相关矩阵。KMO 值为 0.809 5 ＞ 0.8,说明所选

取变量很适合做主成分分析;各变量 SMC 值很高,接近 1,也说明各变量适合做主成分分析;而反映象相关矩阵对角线上值为 1,其他大多数值很小也佐证了主成分分析结果是可信的。

Kaiser-Meyer-Olkin measure of sampling adequacy

variable	kmo
sti	0.9072
sto	0.7209
sfdii	0.9080
so	0.7553
Overall	0.8095

图 4.3　KMO 检验结果

Squared multiple correlations of variables with all other variables

Variable	smc
sti	0.8870
sto	0.9716
sfdii	0.7532
so	0.9591

图 4.4　SMC 检验结果

Anti-image correlation coefficients —— partialing out all other variables

Variable	sti	sto	sfdii	so
sti	1.0000			
sto	-0.3850	1.0000		
sfdii	-0.3161	-0.2837	1.0000	
so	0.0086	-0.8704	0.1775	1.0000

Anti-image covariance coefficients —— partialing out all other variables

Variable	sti	sto	sfdii	so
sti	0.1130			
sto	-0.0218	0.0284		
sfdii	-0.0528	-0.0238	0.2468	
so	0.0006	-0.0297	0.0178	0.0409

图 4.5　反映象相关矩阵

最终本书只选取成分 1(记为 PCA)作为主成分,从成分特征值向量可知:

$$PCA = 0.504\ 5STI^* + 0.513\ 3STO^* + 0.476\ 7SFDII^* + 0.504\ 7SO^*①$$

$$(4.1)$$

由式(4.1)可见,各个指标的贡献度基本持平,差距不大。由于上述得出的系数是各变量标准化后的结果,所以将各变量标准化的公式②带入式(4.1),得出 PCA 和原始数据的数量关系如下:

$$PCA = (5.242STI + 3.816STO + 16.622SFDII + 5.610SO) \times 10^{-6} - 2.828$$

$$(4.2)$$

由式(4.2)可以看出,PCA 得分和原始数据的系数关系为服务业 FDI 流入流量最大(系数为 16.622),承接离岸服务外包其次(系数为 5.610),服务贸易进口第三(系数为 5.242),服务贸易出口最后(系数为 3.816)。结合实际意义来看,一国服务业 FDI 的流入不仅能增加该国服务业获得的投资资金,还能产生技术外溢效应,提高该国服务业和相关产业的生产效率和就业;离岸服务外包作为服务业国际化发展的主要业态,对促进接包国的科技发展,提升经济全球化的参与程度有着积极作用;服务贸易进口代表了一国对服务业全球化的参与程度和其利用全球服务业市场资源的能力(比如进口低端服务但是出口高端服务),并且引进国外先进服务业产品也对促进本国服务业进步有着积极作用;服务贸易出口也代表了一国服务业对服务全球化发展的参与程度,直接表现在该国服务业的产出中,更多体现的是该国已有的服务产品优势。可以看出,各个指标的权重与提升一国服务业国际化水平的贡献还是相当吻合的。

2. 服务业国际化水平的国家排名

最终 2010 年各国得分和排名如表 4.2 所示:

表 4.2　2010 年各国 PCA 得分

国　家	PCA 得分	名次	国　家	PCA 得分	名次
美　国	4.202 775	1	法　国	−0.638 68	5
德　国	0.727 637	2	日　本	−0.939 15	6
英　国	0.502 454	3	印　度	−1.572 25	7
中　国	−0.488 53	4	西班牙	−1.794 27	8

① 角标 ＊ 表示是变量标准化后的结果,非原始值。
② 变量的标准化即先减去该变量的均值再除以该变量的标准差。

我国服务业国际化发展得分为－0.49，位列第四，仅次于美国、德国和英国。而上述三国也是仅有的 PCA 得分为正的三个国家。其中美国以其 4.2 的得分高居榜首，远远地领先于其他国家。德国以 0.73 的得分位列第二。英国以 0.5 的得分位居第三。法国和我国实力非常相近，但只有在权重较低的服务贸易出口上超过我国，位列第五。日本和印度①则主要是因为服务业 FDI 的流入规模太小，分列第六和第七。西班牙则以－1.79 分垫底。

3. 发展趋势

利用式(4.2)对 2005—2010 年各国的服务业国际化水平得分进行计算(即用2010 年各变量标准化时所采用的方差、均值和权重来处理其他年份的数据)。得出结果如表 4.3 所示：

表 4.3 2005—2010 年各国 PCA 得分

国 家	2005	2006	2007	2008	2009	2010
美 国	2.980 072	2.228 813	4.113 31	4.022 452	6.403 268	4.202 692
德 国	－0.903 5	0.106 566	0.594 803	1.365 95	1.205 496	0.727 662
英 国	0.259 327	0.175 67	2.064 157	2.751 734	1.384 136	0.502 42
中 国	－1.840 36	－1.690 88	－1.410 06	－0.864 13	－0.422 6	－0.488 52
法 国	－1.216 1	－0.471 34	－0.506 42	0.360 723	－0.233 24	－0.638 69
日 本	－1.420 7	－1.275 71	－1.392 79	－0.769 99	－0.513 46	－0.939 11
印 度	－2.335 48	－2.152	－1.944 71	－1.670 93	－1.404 65	－1.572 23
西班牙	－1.967 27	－1.764 2	－1.404 49	－1.156 62	－1.303 21	－1.794 22

依据表 4.3 数据绘制图 4.6。图 4.6 可以更加直观地看出，我国在 2005—2007 年基本上和西班牙处在同一水平上，2007—2009 年基本上和日本得分相近，2010 年略高于法国。美国一直处于遥遥领先的地位，英国在 2009 年之前也一直稳居第二，德国位居第三，但德国在 2010 年超过英国。法国在 2010 年之前一直高于我国，于 2010 年被我国超过。日本由于在权重最高的服务业 FDI 流入项目上较弱，虽然其他方面表现很好，但总体得分一直较低。印度虽然服务外包项目上较为强势，但是和日本相同，服务业 FDI 流入流量过小，而且其服务贸易的进出口规模也较小，得分一直较低，直到 2010 年才超过西班牙，位列倒数第二。

① 前文交代过印度的服务业 FDI 统计口径略小，因此这里的得分存在着一定程度的低估。

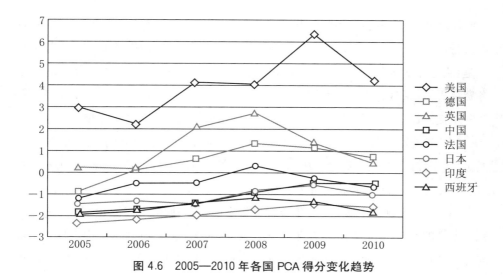

图 4.6　2005—2010 年各国 PCA 得分变化趋势

从各国总体趋势上来看,2008 年以前美国、英国、法国和日本呈现出波动中上升的势头,而德国、西班牙、印度和我国则一直处于上升状态。2008 年后受到金融危机的冲击,英国、德国、法国和西班牙一直处于下降的状态,而美国、日本、印度和我国 2009 年虽然还在上升,但是到了 2010 年均有所下降,尤其是美国下降幅度非常大,我国则下降幅度很小。PCA 指标较好地反映了近年来各国服务业国际化的发展变化。

综上所述,近年来我国服务业国际化水平总体上保持了强劲的发展势头,在和其他服务业发展水平较高、服务业国际化发展较好的国家比较时亦不落下风,处在中上游的位置。2008 年的金融危机给全球服务业造成了巨大的冲击,我国也未能避免,但相比其他国家我国受到的影响较小,可以说金融危机既给我国的服务业发展带来了负面冲击,也带来了正面机遇。

4.1.5　结论及启示

国际服务贸易、服务业 FDI 和服务外包能促进一个国家或地区服务业国际化的发展,其发展水平代表了一国或地区的服务业国际化水平。

(1) 通过构建综合评价指标,并选取世界上服务业发展水平高,发展速度快,参与国际化程度高的八个国家,即中国、美国、英国、法国、德国、西班牙、日本和印度进行比较研究。研究发现,服务业国际化水平综合评价指标按系数大小排名依次是:服务业 FDI 流入流量(系数为 16.622)、承接离岸服务外包(系数为 5.610)、服务贸易进口(系数为 5.242)和服务贸易出口(系数为 3.816)。可见,吸引服务业外资和承接离岸服务外包对于一国服务业国际化水平提升显得尤为重要。

(2) 就国家排名来看,2010 年我国服务业国际化水平得分为 −0.49,位列第四,仅次于美国、德国和英国。法国、日本、印度和西班牙分列第五、第六、第七和第八名。可见,我国服务业国际化水平已经处于全球前列。

(3) 从发展趋势上看,2008 年金融危机之前,我国服务业国际化水平一直处于稳步上升的态势。受 2008 年金融危机影响,各国服务业国际化水平都出现了下降的势头,特别是服务业国际化水平遥遥领先的美国、德国和英国下降最为明显,而我国下降幅度较小。我国应趁势大力发展高附加值和高技术含量的新兴服务业,更多地引进高端服务业 FDI,承接离岸服务外包,大力发展服务贸易,使得我国服务业国际化水平再上一个台阶。

4.2 理论方向的实证研究

服务业国际化的理论方向为:以产业融合为突破口,通过生产性服务业促进我国服务业国际化。我国可以凭借自身的制造业优势促进生产性服务业的国际竞争优势。而通过生产性服务业的发展可以提升我国服务业国际化水平。本节以服务贸易为例,对此进行实证研究。

4.2.1 制造业促进我国生产性服务业国际竞争力的实证研究

1. 文献回顾

Fuchs(1965)认为,自 20 世纪 50 年代中期以来,在美国只有少数的劳动力参与有形商品的生产,并随之引入了"服务经济"的概念。进入 21 世纪以来,服务业,特别是以金融、通信和商务服务为代表的生产性服务业已经成为经济发展中增长最快的领域。Triplett 和 Bosworth（2001）指出，经济中商务服务的份额在 20 世纪 90 年代就增加了一倍。

在传统意义上，服务不仅被认为具有无形性，而且其生产和消费也是不可分割的。因此，通常认为服务具有不可贸易性（Fuchs，1968）。然而，Bhagwati（1984）发现，随着电信和信息技术的发展，以往在服务输送过程中所必需的地理位置相近的要求已大大降低，从而提高了服务的可交易性。事实上，从 20 世纪 80 年代初期以来，国际服务贸易的发展速度就已明显快于货物贸易，1990 年全球服务贸易占国际贸易份额为 20%（Hoekman and Primo Braga，1997），2011 年全球服务贸易占国际贸易份额已达到 44%。

随着全球服务贸易的迅速增加，服务贸易中生产性服务业的份额也急剧增加。事实上，一个国家只要掌握了生产性服务业的国际竞争优势，就等于掌握了全球服务贸易和国际贸易的竞争优势。在此背景下，有关生产性服务业在国际贸易中竞争优势的经济理论模型陆续被 Markusen（1989），Melvin（1989），Francois（1990），Jones 和 Ruane（1990），Marrewijk（1997），den Vaal 和 van den Berg（1999）提出，但由于相关生产性服务业数据的不可获得性，对制造业与生产性服务业竞争优势的实证研究仍然十分有限。Chang 等（1999）将整个世界作为一个整体，利用服务贸易的分类数据描述各个国家在不同服务业领域的专门化；Midelfart 和 Knarvik（2000）利用制造业生产和就业数据以绕过贸易数据的限制，推导出专门化模型。

国内学者主要综合了国外学者的观点。例如，钟韵和阎小培（2003）认为，生产性服务业通过提供专业化的产前产后服务，有利于制造业降低生产成本，提高经济效益；王玉梅（2003）指出，生产性服务业与制造业具有较强的连带关系，生产性服务业能够推动制造业的产业结构提升，促进制造业的发展；植草益和周振华（2001）则认为，随着信息技术的快速发展和广泛应用，生产性服务业和制造业逐渐呈现出融合的趋势。

综观国内外已有的研究成果，对制造业能否促进生产性服务业国际竞争优势的研究并不多见，且已有的研究都以描述性为主，对其决定因素缺乏经济计量分析。我们尝试建立服务贸易中制造业与生产性服务业的国际竞争优势决定因素模型，采用经济合作与发展组织（OECD）有关的服务贸易数据和其他相关产业数据，探讨三大特定类别的生产性服务业,即金融、通信和商务服务业(FCB①)的专门化和竞争力②的决定因素。由于金融服务的可得性及其服务质量是经济发展的关键要素(Levine,1997),而通信和商务服务被公认为是"知识和信息密集的生产性服务业"(Antonelli,1998),所以我们将此三类服务业(FCB)作为本节生产性服务业的代表来进行研究。

我们采用技术差距法(Posner,1961;Krugman,1985)来研究生产性服务业国际竞争优势。在此方法中,国家之间和产业之间的技术差异与传统成本变量共同影响国际竞争优势。从 Soete(1981)引入这种方法以来,技术差距法已被广泛用于货物贸易的研究中。研究表明,技术不仅是货物贸易的一个重要解释因素,而且许多服务企业在使用新技术中也扮演着重要角色(Tether,2001)。因此,技术也是服务贸易的一个重要决定因素。此外,Freund 和 Weinhold(2002)发现,互联网的普及率对服务贸易有比较显著的积极影响;OECD 和 Motohashi(1997)也认为,信息和通信技术的扩散是许多工业部门重组、服务业崛起的关键因素。鉴于此,我们认为信息和通信技术(ICT)在服务业领域扮演着重要角色。因此,我们将信息和通信技术(ICT)作为技术的代理变量。

在国际服务贸易中,一国生产性服务业的产生和发展是其出口并取得竞争优势的前提。我们认为,作为制造业中间产品的服务需求是生产性服务业增长的一个主要决定因素。因此,本节将首先探讨来自制造业的中间需求对一国生产性服务业产生和发展的影响。

2. 制造业中间需求在生产性服务业发展中的作用

许多研究都强调发达国家服务业发展过程中需求的作用。例如,Clark(1940)认为,随着人均收入增加,服务需求的收入弹性大于工业产品需求的收入弹性,使得需求自动向服务业转移;Francois 和 Reinert(1996)发现,不同国家的收入水平与生产性服务企业的需求密切相关;Bhagwati(1984)认为生产性服务业不断壮大的部分原因是公司将以前在其内部进行的服务活动外包。然而,对原先制造企业

① FCB,即金融业 F(包含银行和保险业)、通信业 C(包含交通运输和信息服务业)和商务服务业 B(包含房地产业)。

② 专门化是指一国在某一领域的出口占该国家总出口的份额(比较优势指数);竞争力是指一国在某一领域的出口占该领域所有国家出口的份额(绝对优势指数)。

内进行的活动的"分裂"并不能完全解释生产性服务业的快速发展。事实上,目前为止生产性服务业仍然占据着制造业企业内部活动的较大份额。

最终需求和中间需求可以根据服务种类的不同扮演不同的角色。表 4.4 使用了投入产出数据分析比较了占中间需求、最终需求、总产出比重在制造业、FCB(金融、通信和商务)服务和其他服务的发展过程中的变化。我们计算了 20 世纪 70 年代中期和 20 世纪 90 年代早期制造业、FCB 服务和其他服务在总的中间需求、最终需求和总产出中所占份额和增长率的变化(由于数据的可获得性,采用丹麦、法国、德国、英国、日本和美国 6 个国家数据的平均数)。

表 4.4　制造业、FCB 服务和其他服务在中间需求、最终需求和总产出中的份额变化

	份　　额		差　　别	增长率
	20 世纪 70 年代中期	20 世纪 90 年代早期		
制造业占中间需求总额	0.262 3	0.213 2	−0.049 2	−0.016 7
制造业占最终需求总额	0.378 8	0.350 7	−0.028 0	−0.006 5
制造业占总产出	0.270 8	0.225 2	−0.045 7	−0.015 3
FCB 服务占中间需求总额	0.062 2	0.113 5	0.051 5	0.051 2
FCB 服务占最终需求总额	0.106 3	0.123 8	0.017 2	0.010 0
FCB 服务占总产出	0.084 0	0.124 7	0.040 5	0.032 0
其他服务占中间需求总额	0.075 8	0.079 0	0.003 2	0.003 3
其他服务占最终需求总额	0.216 2	0.250 7	0.034 8	0.011 2
其他服务占总产出	0.136 8	0.155 5	0.018 3	0.009 8

资料来源:OECD 统计数据库。

从表 4.4 中可以看出,从 20 世纪 70 年代中期到 20 世纪 90 年代早期,服务支出在制造业领域中所占的份额明显上升,这是因为中间需求和最终需求的增加。值得注意的是,FCB 服务的增长超过其他类别的服务。我们还发现,FCB 服务在所有国家中占中间需求和总产出份额都出现增长,其中以英国最高;而制造业所占份额在所有国家都有所下降,下降幅度最大的仍然是英国。

可见,FCB 服务增长主要是在制造业的中间需求。那么,是否有一些制造业行业对这种增长的贡献显著超过其他制造业行业呢? 为了对此进行验证,我们对

OECD 投入产出表中 10 个国家最近 5 年的数据进行了方差分析[1]，以解释哪些制造业行业对 FCB 服务在制造业和服务业总产出中所占份额的重要性。

方差分析表明，大量使用 FCB 服务的制造业行业对 FCB 份额的影响最为显著。而随着劳动力密集型行业的出现，FCB 服务的使用也逐渐减少（见图 4.7）。

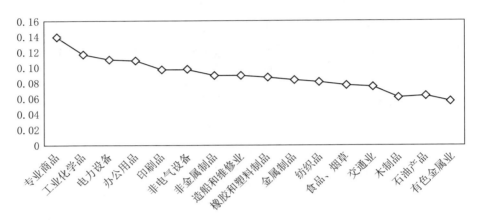

资料来源：OECD 数据统计库及《中国统计年鉴》。

图 4.7　FCB 服务在制造业领域中所占份额

上述研究结果表明：制造业的中间需求导致以金融、通信和商务服务业（FCB）为代表的生产性服务业快速增长。而制造业内部结构又对生产性服务业的快速发展产生影响，即那些在知识密集型制造业领域占有较高份额的制造行业对生产性服务业的需求更高。

此外，就服务业内部而言，生产性服务业（以 FCB 服务为代表）占服务业总产出的份额以金融保险业最高，其后依次是房地产和商务服务业、批发和零售业以及通信业（见图 4.8），由此便出现了生产性服务业的产生和使用较为重要的互补性关系。这意味着，发展生产性服务业的国家将会经历一个自我实现机制（良性循环）：如果一个国家在商务服务领域具有比较优势，那么会促进该国在金融业也逐渐形成比较优势。

---

① 这包括美国、日本、意大利、德国、芬兰、英国、加拿大、法国、西班牙和瑞典 10 个国家 2005—2009 年的数据。

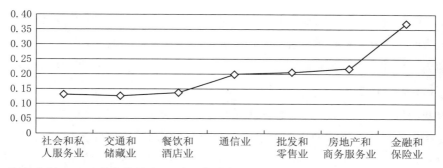

资料来源:OECD 数据统计库及《中国统计年鉴》。

图 4.8　FCB 服务在服务业领域所占份额

3. 制造业促进生产性服务业的国际竞争优势

为了探讨服务贸易中制造业能否促进生产性服务业的国际竞争优势,我们将注意力集中在制造业中间需求、国家技术优势和其他一些传统成本变量上。

瑞典经济学家 Linder(1961)认为,一个国家的国内需求在该国的国际竞争力上扮演了重要角色。20 世纪 80 年代,这个理念由 Krugman(1980)正式提出。基于此,我们聚焦一国制造业的中间需求,研究制造业中间需求在生产性服务业发展中的作用后发现:制造业的中间需求促进生产性服务业快速增长。密集使用生产性服务业的那些制造业领域(主要是知识密集型制造业)对生产性服务业的需求也更高,其自我实现机制产生的国际比较优势也更明显。这归因于来自更高层次中间需求的直接激励和"溢出效应"。

事实上,一国不可能发展出脱离国民产业基础却具有竞争优势的服务经济。由于生产性服务业是其他生产性服务的主要使用者,从而在这些生产性服务业发展过程中实现了"互补"和自我强化。

和中间需求一样,技术对服务业的国际竞争力也具有重要影响。近年来,越来越多的服务行业成为技术的重要使用者和传播者。技术优势是国内竞争性服务发展和国际服务贸易中的关键要素,也是生产性服务业研究的一个重要方面。为了更好的测度技术,我们将注意力集中在一国的信息和通信技术(ICT)的总支出上。我们使用从 20 世纪 90 年代以来欧盟统计局每年关于 ICT 固定资本形成总额的数据。采用这些数据既由于相关其他数据难以获得,又由于其他有关的传统技术变量,如 R&D 支出,可能不利于解释生产性服务业竞争优势。事实上,虽然制造业在 R&D 上的支出大于在服务上的支出,但许多服务支出仍然大于平均值。同时,研究表明信息和通信技术系统的平行扩散对知识密集型行业的扩散影响很大。服务的无形性和以信息为基础的本质赋予了企业创新活动中 ICT 的产生和运用。

(1) 数据和变量。

我们从两方面来分析生产性服务业的国际竞争优势:专门化和竞争力。专门化是指一国在某一领域的出口占该国家总出口的份额(比较优势指数)。竞争力(出口份额)是指一国在某一领域的出口占该领域所有国家出口的份额(绝对优势指数)。为了控制国家规模的影响,我们考虑了人口因素。这两种方法测度了贸易竞争优势的两个不同方面:比较优势和绝对优势。事实上,如果一国在某一领域的市场份额相对而言较高,那么该国在该领域也可能具有很强的比较优势。另一方面,出口份额或绝对优势指数只有在那些出口水平高的国家才较高。图 4.9 列出了 2010 年 10 个 OECD 国家①的这两种指数(FCB 服务的平均值)。

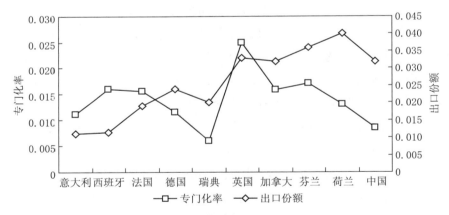

资料来源:OECD 数据统计库及《中国统计年鉴》。

图 4.9　各国在 FCB 服务中出口份额和专门化率(2010)

从图 4.9 中可以看出,英国拥有较高的专门化水平而且 FCB 服务出口份额较大;意大利这两个指数值都较小;芬兰和加拿大的这两个指数值相对较大,法国和西班牙专门化指数较大,出口份额指数较小。中国的出口份额指数较高,但是专门化率处于较低水平。

---

① 这 10 个 OECD 国家分别是意大利、西班牙、法国、德国、瑞典、英国、加拿大、芬兰、荷兰和中国。

我们采用制造业领域的中间需求来计算制造业使用 FCB 服务的专门化率。我们利用变量

$$SM_{ik} = \frac{\sum_j W_{kj} P_{ij}}{\sum_j \sum_k P_{ijk}} \qquad (4.3)$$

来表示制造业使用 FCB 服务的专门化程度；类似地，SS_{ik} 表示服务业使用 FCB 服务的专门化程度；ICT 为技术变量；其中公式中的 i 表示国家，j 表示制造业行业，k 表示服务业行业，P 表示产量，W 表示权重，即通过制造业 j 产生的服务业 k 的产量与制造业 j 的总产量之比。

为了使技术可以测度，我们采用了信息和通信的固定资本组成在 GDP 中的份额作为技术指标；成本以劳动力成本在总产量中的份额表示（LC），所有变量都以指数形式表示：

$$EXP_{itk} = \alpha_1 SM_{ikt} + \alpha_2 SS_{ikt} + \alpha_3 ICT_{it} + \alpha_4 LC_{ikt} + e_{ikt} \qquad (4.4)$$

其中，EXP 表示专门化或竞争力，这个等式与贸易的技术溢出测度方法类似，但式（4.4）中加入了测度中间需求的两个变量。

数据主要来源于 OECD 数据库，在进行面板数据分析中主要选取了 OECD 国家，但由于本书分析的侧重在中国，在进行实证分析时加入了中国的数据，又由于一些国家数据的可获得性，为了能够包含最多的国家数，我们最终选取了 1995—2008 年的时间序列。在这段时间中，包含了 10 个 OECD 国家（分别是：美国、英国、日本、德国、法国、加拿大、意大利、芬兰、西班牙、瑞典）以及中国的数据。仍以 FCB（金融、通信和商务）服务作为生产性服务业的代表。面板数据分析结果见表 4.5。

表 4.5　实证分析结果

自　变　量	专　门　化		竞　争　力	
	系数	标准差	系数	标准差
制造业中 FCB 服务使用	0.271***	0.059	0.122***	0.065
服务业中 FCB 服务使用	0.825***	0.082	0.091	0.112
ICT	0.311***	0.167	0.687***	0.134
劳动力成本	0.035	0.146	−0.420**	0.170
C	0.627	0.482	−8.177	0.426

资料来源：OECD 数据统计库及历年《中国统计年鉴》。

（2）实证结果与分析。

我们利用面板数据分析了以 FCB（金融、通信和商务）服务为代表的生产性服务业在国际服务贸易中的专门化和竞争力。在进行实证分析的过程中，主要选择了广义最小二乘法进行分析。实证分析结果显示，密集使用生产性服务业的制造业和服务业在解释专门化程度上都是显著的，但是服务业中生产性服务业在解释其竞争力时不显著。劳动力成本所占的份额对国际竞争力存在着显著的负影响。具体分析如下：

制造业中生产性服务业的使用对其专门化和竞争力都有着显著的正影响，且对专门化的影响大约是竞争力影响的两倍。制造业密集使用生产性服务业能够有效地促进制造业与生产性服务业之间的产业集聚，减少成本，而产业集聚又进一步促进了集聚区内制造业产品和服务的专门化；而相对于对生产性服务业专门化的影响，制造业密集使用服务业形成的产业集聚也能有效提升生产性服务业的国际竞争力，但影响相对小些。

服务业中生产性服务业的使用对其专门化和竞争力也都有正影响，但对专门化的正影响很大且很显著，对其竞争力的影响很小且不显著。造成竞争力影响小且不显著可能的原因是自变量服务业中 FCB 服务的使用与因变量服务业的国际竞争力存在一些共线性，还可能是因为服务业对生产性服务业的使用更进一步促进了服务的集聚，而集聚区内一些服务产品的过于专门化在某种程度上削弱了其整体国际竞争力。

技术对生产性服务业的专门化程度和国际竞争力都有显著的正影响。从另一个角度分析，技术可以表明行业的创新程度和先进程度，对生产性服务业的专门化程度和国际竞争力有显而易见的促进作用，而这种创新与先进又可以间接减少生产成本，在国际产品的竞争中更显优势，使之对国际竞争力的影响明显大于对专门化的影响。

劳动力成本对生产性服务业专门化有很小的正影响，但对国际竞争力负面影响大。劳动力成本越高，使整个生产性服务业生产链条的总成本上升，终端价格随之上升。而在国际贸易较量中，除了服务产品质量外，可以进行量化比较的就是产品价格，较高的价格削弱了服务产品的国际竞争力。

4. 基于中国实际情况的检验

改革开放以来，我国的制造业和生产性服务业取得了长足的进步。就制造业而言,1990 年我国制造业的年产值为 8 776.74 亿元,2008 年我国制造业的年产值为 102 539.5 亿元,2010 年我国制造业的年产值为 130 325 亿元。

就生产性服务业而言,近年来我国生产性服务业①也得到了较快的发展。1990 年,我国生产性服务业的年产值为 2 571.5 亿元;2003 年我国生产性服务业的年产值为 14 658.0 亿元,2010 年,我国生产性服务业的年产值达到 85 198.6 亿元,占整个服务业产值的比重为 46%。图 4.10 列出了 2004—2010 年我国国内制造业年产值与生产性服务业年产值的数据关系。从图 4.10 中可以明显看出,虽然我国生产性服务业的年产值仍然远远小于制造业的年产值,但 2007 年以来,制造业与生产性服务业呈现出十分显著的协同发展特征。

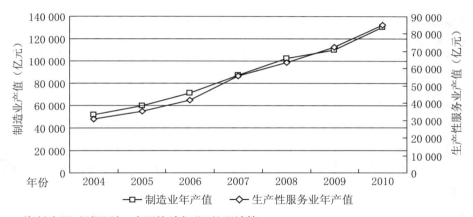

资料来源:根据历年《中国统计年鉴》整理计算。

图 4.10　2004—2010 年制造业与生产性服务业年产值

前文分析可知,制造业中间需求在生产性服务业发展过程中的作用不可忽视。由于我国巨大的制造业中间需求决定了我国生产性服务业的快速增长,而且制造业内部结构也决定了生产性服务业的快速发展,即在知识密集型制造业领域占有较高份额的制造行业对生产性服务业的需求也更高。

为验证近年来我国生产性服务业迅速发展是否存在制造业中间需求的支持,

---

① 我国在《国民经济和社会发展第十一个五年规划纲要》中将生产性服务业划分为交通运输业、现代物流业、金融服务业、信息服务业和商务服务业。按照此分类方法,与本书的 FCB 服务行业大体一致。故我们按此分类统计我国的生产性服务业。

我们列出了 2007 年我国服务业用于制造业中间需求的数据(依据最新的中国 2007 年投入产出表,见表 4.6)。从表 4.6 中可以看出 2007 年我国服务业用于制造业中间需求比率从大到小的行业排名依次是:批发零售和餐饮业(50.3％)、金融业(45.7％)、运输邮政业(40.6％)、其他服务业(37.7％)和商务服务业(36.9％),生产性服务业占据了其中的大部分。可见,制造业的中间需求是我国生产性服务业发展的强大动力。

表 4.6 我国制造业和服务业的中间需求(2007)

服务业各行业	中间需求总额	用于制造业中间需求	用于制造业中间需求比率	用于服务业中间需求	用于服务业中间需求比率
运输邮政业	306 373 318	124 417 596	0.406 098	102 670 454	0.335 116
金融业	145 562 416	66 479 019	0.456 705	65 173 834	0.447 738
商务服务业	128 550 120	47 426 092	0.368 931	76 646 608	0.596 239
批发零售和餐饮业	232 189 006	116 842 329	0.503 221	80 081 929	0.344 901
其他服务业	139 473 405	52 582 861	0.377 01	62 749 550	0.449 903

资料来源:根据 2012 年《中国统计年鉴》中 2007 年投入产出基本流量表(中间使用部分)的数据。

目前,我国生产性服务业受到了制造业强劲发展的推动,特别是依赖我国制造业中间需求的增加而不断发展壮大。我国生产性服务业正在加速向先进制造业生产前期的研发、中期的设计和融资、后期的信息反馈等全程渗透,直接全程参与到制造业的生产流程中。同时,我国的制造业也正在依托生产性服务业向更为高端的先进制造业转型,其内部逐渐由以制造为中心转向以服务为中心,专门化和竞争力不断增强。

5. 结论及启示

本节主要探讨了制造业能否促进一国生产性服务业的国际竞争优势,从国际服务贸易专门化和竞争力的视角,对生产性服务业国际竞争优势的主要决定因素进行了研究。最后,进一步讨论了近年来中国的制造业和生产性服务业协同发展的情况,对理论进行了验证。

我们将来自制造业领域的中间需求和 ICT(信息和通信技术)支出作为生产性服务业专门化和竞争力决定因素的两个策略变量。研究结果表明:一国的制造业基础和结构会严重影响该国生产性服务业的产生和发展。这意味着,一个国家发展高效且具有活力的服务经济能力与该国的制造业基础和结构挂钩。进一步研究表明,由于知识密集型制造业(如专业商品、电视和通信设备、工业化学品和药品等)是生产性服务业的主要使用者,因此知识密集型制造业集聚的国家在生产性服务业的发展过程中通过自我实现机制,即对生产性服务业的高需求和服务业内部的互补性,将在生产性服务业领域取得国际竞争优势。

我们选取 1995—2008 年的时间序列,采用面板数据模型,以 10 个 OECD 国家(美国、英国、日本、德国、法国、加拿大、意大利、芬兰、西班牙、瑞典)和中国为研究对象,对这 11 个国家生产性服务业的国际竞争优势决定因素进行实证研究。研究发现:制造业中生产性服务业的使用对其专门化和竞争力的提升有着显著的正影响,且对专门化的影响大约是竞争力影响的两倍,而服务业中生产性服务业的使用只对其专门化有重要影响;技术对生产性服务业的国际竞争优势表现也有重要和显著的影响;劳动力成本对生产性服务业的国际竞争力有较大负面影响。

最后,我们对中国实际情况进行了实证检验,结果显示:2007 年后我国处于一个制造业和生产性服务业快速协同发展的阶段。我国生产性服务业发展受到了制造业中间需求的强大推动。同时,我国的制造业也正依托生产性服务业向更为高端的先进制造业转型。

通过本节的实证研究,对我国服务贸易中生产性服务业国际竞争优势的提升有如下启示:

就制造业而言,我国目前应依托制造业的中间需求来加快发展生产性服务业,特别是重点依托知识密集型制造业(如专业商品、电视和通信设备、工业化学品和药品等)的中间需求,因为它们对生产性服务业的中间需求更大。

就生产性服务业而言,我国应大力发展那些占总产出份额较大的生产性服务业,如金融保险业、商务服务业、批发和零售业以及通信服务业等,因为它们通过自我实现的“互补”效应将加快生产性服务业的发展。

本节实证研究表明,制造业中生产性服务业的使用对其专门化和竞争力的提升有着显著的正影响,服务业中生产性服务业的使用只对其专门化有重要影响。因此,我国应加大制造业和服务业的双重投入来发展生产性服务业。

由于技术对生产性服务业的贸易表现有着重要且显著的影响,着重于新技术的开发和应用的技术政策可以很好地促进我国生产性服务业的国际竞争优势;而鉴于劳动力成本对生产性服务业国际竞争力负面影响大,我国可以利用劳动力成本相对低廉的优势,促进生产性服务业发展。

我们通过我国的实际情况验证了制造业中间需求对我国生产性服务业的推动。目前我国制造业和服务业正处于产业结构的调整期,制造业和生产性服务业的互动发展是提高生产性服务业国际竞争优势的一个重要手段。加快制造业向先进制造业转型,特别是政策向发展知识密集型制造行业倾斜,对生产性服务业竞争优势的提升将起到事半功倍的效果。

4.2.2　生产性服务业提升我国服务贸易的实证研究

1. 文献回顾

(1)国外相关研究。

随着生产性服务业和服务贸易在全球范围内的快速发展,对于生产性服务业和服务贸易的研究文献也日益丰富。将这两个问题进行单独研究的文献十分丰富:生产性服务业的研究主要集中于生产性服务业发展的动因、生产性服务业与其他产业尤其是制造业的互动关系、生产性服务业的经济效应分析、生产性服务业的区位选择和集聚问题等;服务贸易的研究集中于比较优势原则对服务贸易适用性的探讨、服务贸易自由化和服务贸易竞争力的研究。具体研究成果我们不一一列举,而是充分结合本研究需要,对有助于分析生产性服务业提升服务贸易发展内在机理的相关研究进行综述。

在对生产性服务业和服务贸易的研究过程中,不少学者将两者联系起来,使研究更加具体深入,也揭示了生产性服务业与服务贸易的密切联系。Illeris(1989)指出,以向外销售为基础的区域生产性服务业具有自主增长能力,许多从事生产性服务业的企业都拥有区外市场,生产性服务业通过服务型贸易进行对外输出。Markusen(1989)以生产性服务业为例,分析了规模经济对服务贸易的影响。随着市场的扩大,厂商个数会增加,生产规模也随之扩大,进而促使生产行为被细分为更明确的生产步骤,从而提高了生产的专业化程度以及间接劳动相对于直接劳动的比重。而生产性服务本身具有规模报酬递增的特性,市场规模的不断扩大使得差异化生产性服务中间投入不断涌现,生产性服务业开始成长并逐渐成熟,进一步促进了产品的生产和贸易,服务贸易也随之产生和增长。Markusen(1989)后来又建立了一个两部门的一般均衡模型探讨具有规模经济的生产性服务和其他专业服务的国际贸易。他认为,生产性服务等中间投入的贸易可以促进贸易双方福利的增长,并有利于生产性服务业出口国的福利增长。Francois(1990)的研究强调生产性服务在协调和连接各专业化中间生产过程中的作用,他通过建立一个具有张伯伦垄断竞争特征的产品差异模型(一个部门,两个国家)讨论了生产性服务由于专业化而实现的报酬递增:服务部门的专业化导致规模经济效应的出现,专业化应用于生产过程的程度依赖于每个厂商的生产规模,而生产规模又受到市场规模的限制。

随着全球产业结构的新一轮调整,生产性服务业国际转移逐渐成为国际产业转移的主流。生产性服务业的国际转移必然会对相关国际服务贸易产生重要影响。Hodge 和 Nordas(2001)发现发展中国家在服务贸易中获得的收益随着服务业开放程度的提高而增加,并且认为生产性服务业的开放对国际贸易的促进作用十分明显。Fernandes 和 Paunov(2008)研究了智利加工制造业生产率与服务业 FDI 的关系,认为随着全球性生产性服务外包趋势加剧,积极承接国际生产性服务业外包逐渐成为加工制造业的加速器。网络信息技术发展是生产服务业与服务贸易发展的重要桥梁。Changkyur(2010)利用 1990—2006 年 151 个国家的面板数据研究发现:每百人互联网用户人数增加 10%,服务贸易比重从原来的 0.23%增加到 0.42%。互联网有助于扩大服务贸易及 FDI,从而有助于经济全球化。

(2)国内相关研究。

张为付(2006)阐述了服务业与服务贸易发生发展的机理,认为国际生产分工的分化促进了服务业和服务贸易内涵的扩张,是联系两者的纽带,并指出生产性服务业是服务贸易的主体,也将成为促进国际化大生产的重要条件。李秉强(2010)在分析服务贸易与服务业互动发展的基础上,从绩效、结构变迁、聚类和逆向效应方面考察了两者的耦合机制,并采取收敛性分析,发现我国服务贸易与服务业的耦合性相对较弱。庄惠明与黄建忠(2011)利用 VAR 选取服务业发展的四个影响因素与服务贸易的两个影响因素,分析了我国服务业与服务贸易竞争力提升的协同性,发现在现阶段我国服务业发展与服务贸易提升之间尚未形成良性的协调发展机制,即服务业与服务贸易不存在相互促进的关系。

服务贸易对服务业具有拉动作用,曹薇(2012)认为这种拉动作用不仅表现在服务业规模、增加就业人数等方面,还表现在人力资本积累、产业结构升级等间接拉动作用。同时,服务业也是服务贸易发展的影响因素,李静萍(2002)采用1982—1998年17个国家或地区的数据,选取了GDP、人均国民收入、服务业增加值及年增长率、商品出口五个变量来考察对服务贸易进出口的影响。董小麟和董苑玫(2006)通过分析我国服务贸易的结构缺陷,就如何发展服务业提升服务贸易竞争力提出了相应措施。林发彬(2011)具体分析了金融业对我国服务贸易的作用。他的研究以行业内贸易这一独特的视角,分析了当前我国服务贸易的特征,通过行业面板数据发现以不同指标衡量的金融业发展对服务贸易出口结构的影响存在差异,金融业对具有高增长机会的服务业的出口结构促进作用明显不足。杨玲(2008)通过投入产出表针对生产性服务业对国际服务贸易的贡献度进行了理论和实证研究,发现运输和社会服务对服务贸易的贡献率最大。

(3)文献评述。

首先,从上述文献综述中可以看出,国外对生产性服务业和服务贸易的研究起步早,研究成果也远远多于国内,而且研究较为深入和广泛,但国内对这两方面的研究起步晚,研究还不够完善和系统,研究方法也尚不成熟。这与经济实践发展程度的差异有关:西方国家在20世纪80年代初期就进入了服务经济社会,生产性服务业有了很大发展,服务贸易发展迅速,为研究者提供了研究素材和实践依据;而国内一直处在工业化进程中,生产性服务业发展相对滞后,服务贸易占全球市场比重不高且竞争力弱。但随着国内经济实力的日益增强和贸易自由化程度的进一步提高,"服务经济"正成为经济发达城市产业发展的主流,对生产性服务业和服务贸易的研究也得到了政府和国内学者的重视。

其次,上述文献资料虽然研究内容不同,但其中的研究思路与研究方法为后来的研究奠定了基础,不少观点具有启发性。需要补充的是,我国服务贸易统计工作的滞后,给服务贸易领域的研究造成了一定难度,使得实证研究和定量研究较少。

最后,对服务业与服务贸易关系的研究,国外学者研究得较深入,但国内的研究相对较少,国内对生产性服务业与服务贸易的关系进行研究的文献更是不足。已有国内文献研究认为服务业整体的发展可以促进服务贸易,并且采用中国的数据进行了实证研究,但结果并不一致,这方面的研究有待深入。鉴于此,我们对生产性服务业提升我国服务贸易进行实证研究,以丰富这一领域的研究。

2. 模型介绍

我们选取生产性服务业增加值、服务贸易进口额、服务贸易出口额及服务贸易进出口总额,根据数据本身确定向量自回归(VAR)模型,利用脉冲响应函数分析生产性服务的变化对服务贸易的影响,并通过方差分解技术分析生产性服务业的冲击在服务贸易水平动态变化中的相对重要性。

传统的经济计量方法是以经济理论为基础来描述变量关系的模型,但是经济理论通常并不足以对变量的动态联系提供一个严密的说明,而且由于内生变量既可以出现在方程的左端又可以出现在方程的右端,使得估计和推断变得更加复杂。向量自回归(VAR)模型是基于数据统计特性建立的模型,VAR 模型把系统中的每一个内生变量作为系统中所有内生变量的滞后值的函数来构造模型,从而将单变量自回归模型推广到由多元时间序列变量组成的"向量自回归"模型。VAR 模型通常运用于预测相互联系的时间序列系统及分析随机扰动对变量系统的动态冲击,从而解释各种经济冲击对经济变量的影响。

3. 数据说明

我们考虑对生产性服务业增加值、服务贸易进口额、服务贸易出口额、服务贸易进出口总额建立 VAR 模型,时间跨度为 1982—2011 年。由于生产性服务业的统计口径不一致,有些年份的生产性服务业(如 1982—2003 年信息传输、计算机和软件业及商务服务业)的增加值数据难以获得。为了统一统计口径,在这部分实证中,我们选取交通运输、仓储和邮政业,金融业,房地产三个行业作为生产性服务业的代表,数据源自我国各年统计年鉴。1982—2011 年服务贸易进出口数据来自中国商务部网站和 WTO 网站。为了消除可能出现的异方差性,我们对生产性服务业增加值、服务贸易进口额、服务贸易出口额和服务贸易进出口总额四个变量分别取对数,这不会改变各变量间的协整关系。PS 表示生产性服务业增加值,EXS 表示服务贸易出口额,IMS 表示服务贸易进口额,TOS 表示服务贸易进出口总额。我们采用 EVIEWS5.1 计量分析软件。

4. 变量平稳性检验

回归模型的建立必须是针对平稳时间序列,即没有随机趋势或确定性趋势。当时间序列是非平稳时建立回归模型会产生伪回归现象。在现实的经济生活中,时间序列通常是非平稳的,所以,在进行模型分析前首先要进行变量平稳性检验。

1987 年 Engle 和 Granger 提出的协整理论及其方法为非平稳时间序列的建模提供了新途径。虽然一些经济变量本身是非平稳序列,但是它们的线性组合却有可能是平稳序列。这种平稳的线性组合被称为协整方程,且被解释变量和解释变量之间存在长期稳定的均衡关系。因此在构建 VAR 模型和协整检验时,必须先检验经济变量的平稳性,即单位根检验。

本书采用 ADF 检验对变量进行平稳性检验,检验过程中滞后项的确定以赤池信息原则(AIC)和施瓦茨准则(SC)为依据确定最优滞后期。对 1982—2011 年的 PS、EXS、IMS、TOS 取对数并对 $\ln PS$、$\ln EXS$、$\ln IMS$、$\ln TOS$ 进行单位根检验。检验结果如表 4.7 所示。表 4.7 中显示 $\ln PS$、$\ln EXS$、$\ln IMS$、$\ln TOS$ 的 ADF 值都高于 5%临界值和 1%临界值,因此这些序列都是非平稳的。经一阶差分后仍然是非平稳序列,$D\ln PS$、$D\ln EXS$、$D\ln IMS$、$D\ln TOS$ 的 ADF 值高

表 4.7　各变量平稳性检验结果

变　量	检验类型(C, T, K)	DW 值	ADF 值	5%临界值	1%临界值	结　论
$\ln PS$	(C, 0, 1)	2.9715	−2.4939	−3.5806	−4.3239	非平稳
$\ln EXS$	(C, T, 1)	2.1227	−2.4289	−3.5806	−4.3239	非平稳
$\ln IMS$	(C, T, 1)	1.8775	−2.1057	−3.5806	−4.3239	非平稳
$\ln TOS$	(C, T, 1)	1.9469	−2.0743	−3.5806	−4.3239	非平稳
$D\ln PS$	(C, 0, 1)	2.0486	−2.3381	−2.9763	−3.6999	非平稳
$D\ln EXS$	(C, 0, 2)	1.9547	−2.7819	−2.9810	−3.7115	非平稳
$D\ln IMS$	(C, 0, 2)	2.0848	−2.7599	−2.9810	−3.7115	非平稳
$D\ln TOS$	(C, T, 1)	1.9469	−2.0743	−3.5806	−3.3240	非平稳
$DD\ln PS$	(0, 0, 1)	2.0720	−5.1132	−1.9544	−2.6569	平稳
$DD\ln EXS$	(0, 0, 1)	2.0149	−5.7284	−1.9544	−2.6569	平稳
$DD\ln IMS$	(C, 0, 1)	1.8422	−3.5616	−2.9763	−3.6999	平稳
$DD\ln TOS$	(0, 0, 1)	2.0105	−5.5061	−1.9544	−2.6569	平稳

注:检验类型中 C 表示带有常数项,T 表示带有趋势向,K 表示滞后阶数,滞后期综合考虑 AIC 和 SC 准则后选择。

于 5% 临界值和 1% 临界值,二阶差分 DDln PS、DDln EXS、DDln IMS、DDln TOS 的 ADF 值低于 5% 临界值和 1% 临界值,所以变量 ln PS、ln EXS、ln IMS、ln TOS 都是 I(2) 二阶单整。

5. 协整检验

协整检验要求变量模型中各个时间序列必须是同阶单整的,平稳性检验结果显示变量 ln PS、ln EXS、ln IMS、ln TOS 是一阶单整,已经满足了这一条件。对一阶单整序列的协整检验通常采用两种方法,一种是 EG 两步法,是对回归的残差序列进行检验,主要针对两个变量的单方程;另一种方法是 Johansen 协整检验,是基于回归系数的协整检验。我们建立的是两个变量的单方程,因此采用 EG 两步法。操作步骤是:首先根据变量数据建立回归方程,然后对回归方程的残差进行平稳性检验,如果残差是平稳的,则两个变量之间存在协整关系,如果残差不平稳则不存在协整关系。下面分别建立如下三个回归方程,分别是:

$$\ln TOS = c_1 + a_1 \ln PS + u_1 \tag{4.5}$$

$$\ln IMS = c_2 + a_2 \ln PS + u_2 \tag{4.6}$$

$$\ln EXS = c_3 + a_3 \ln PS + u_3 \tag{4.7}$$

式(4.5)反映服务贸易进出口总额与生产性服务业增加值之间的关系,式(4.6)反映服务贸易进口额与生产性服务业增加值的关系,式(4.7)表示服务贸易出口额与生产性服务业增加值的关系。在建立方程后分别对三个方程的残差进行平稳性检验,检验结果如表 4.8 所示。由表 4.8 可以看出,式(4.5)和式(4.6)的残差在 5% 水平下是平稳的,式(4.7)的残差是非平稳的,因此认为我国生产性服务业增加值

表 4.8 残差平稳性检验结果

残差	检验类型 (C, T, K)	DW 值	ADF 值	5% 临界值	1% 临界值	结 论
u_1	(C, T, 1)	2.189 6	−3.862 5	−3.632 9	−4.440 7	平稳
u_2	(0, 0, 1)	1.921 1	−2.378 8	−1.953 4	−2.650 1	平稳
u_3	(C, T, 1)	2.000 0	−2.862 4	−3.580 6	−4.324 0	非平稳

与服务贸易进口额及服务贸易进出口总额在长期内存在均衡关系,而我国生产性服务业增加值与服务贸易出口额并不存在长期均衡关系。

随着生产性服务业在服务业中的比重逐渐上升,服务贸易的产业基础也更加稳固,生产性服务业与服务贸易之间的均衡关系正好体现了这一点。然而,前文分析到我国服务贸易长期处于逆差,且逆差有不断扩大到趋势,服务贸易出口额与进口额相比差距很大,服务贸易出口增长速度远远落后于服务贸易进口增长速度,实际上反映了我国服务贸易的国际竞争力不足,在国际服务链中长期处在中低端。而我国生产性服务业发展也存在各种问题,规模上虽然有较大增长,但结构层次单一,与制造业联动程度不足、融合程度不高,即使近年来计算机和信息服务业开始异军突起,但要改变服务贸易结构层次、提升服务贸易质量仍需要一段时间。就过去将近 30 年的数据,我国生产性服务业与服务贸易出口的竞争力尚未形成有效的共生关系,在计量上反映为生产性服务业增加值与服务贸易出口额并不存在协整关系。

6. VAR 模型的建立

(1) 滞后期的确定。

我们现在构建两个 VAR 模型,一个是反映变量 $\ln PS$ 与变量 $\ln TOS$ 关系的 VAR_1 模型和反映变量 $\ln PS$ 与变量 $\ln IMS$ 关系的 VAR_2 模型。设定 VAR 模型时遇到的一个重要问题就是滞后阶数的确定。在确定滞后阶数的时候,如果滞后阶数足够大,可以完整反映所构造模型的动态特征,但是滞后阶数越大,估计的参数就越多,模型的自由度就会减少。所以通常在选择时,既要有足够数目的滞后阶数,又要保证模型有充足的自由度。

为了选择最优的滞后期,需要依据 LR 似然比检验、FPE 最终预测误差、AIC 信息准则、SC 信息准则和 HQ 信息准则[1]等指标确定 VAR 模型的滞后阶数。检验结果如表 4.9 所示,表 4.9 显示了两个模型采用各种标准对滞后长度标准进行试算的结果,上半部分反映的是对变量 $\ln PS$ 与变量 $\ln TOS$ 构建 VAR_1 模型的滞

---

[1] LR:sequential modified LR test statistic (each test at 5% level);FPE:Final prediction error;AIC:Akaike information criterion;SC:Schwarz information criterion;HQ:Hannan-Quinn information criterion。

后阶数,下半部分反映的是变量 ln PS 与变量 ln IMS 构建 VAR_2 模型的滞后阶数,带"∗"表示选中的滞后阶数。最终对变量 ln PS 与变量 ln TOS 和变量 ln PS 与变量 ln IMS 均确定 VAR_1 为最终模型。

表 4.9　模型的最优滞后期选择

VAR_1					
Lag	Log L	LR	FPE	AIC	SC	HQ
0	−23.997 79	NA	0.025 328	1.999 83	2.096 607	2.027 698
1	64.179 39	156.005 8∗	3.91e-05∗	−4.475 338∗	−4.185 008∗	−4.391 733∗
2	66.963 98	4.498 182	4.33e-05	−4.381 85	−3.897 96	−4.242 5
3	69.563 21	3.798 882	4.91e-05	−4.274 09	−3.596 66	−4.079 02
4	70.476 59	1.194 415	6.42e-05	−4.036 66	−3.165 67	−3.785 85

VAR_2					
Lag	Log L	LR	FPE	AIC	SC	HQ
0	−26.807 72	NA	0.031 439	2.215 978	2.312 755	2.243 847
1	54.438 63	143.743 5∗	8.27e-05∗	−3.726 048∗	−3.435 718∗	−3.642 444∗
2	57.771 77	5.384 309	0.000 088	−3.674 75	−3.190 87	−3.535 41
3	59.213 04	2.106 468	0.000 109	−3.477 93	−2.800 49	−3.282 85
4	61.218 91	2.623 059	0.000 131	−3.324 53	−2.453 54	−3.073 72

（2）模型的稳定性检验。

建立模型后,还要对模型进行稳定性检验,否则进行脉冲响应和方差分解的分析是没有意义的。如果模型的单位根都小于 1,落在单位圆之内,则 VAR 模型满足稳定性的条件。若单位根大于 1,EVIEWS 输出结果会给出警示。具体结果如表 4.10、图 4.11、图 4.12 所示。结果显示,两个模型的单位根都小于 1,落在单位圆之内,通过稳定性检验。

表 4.10　模型的特征根

模型 VAR_1	特征根	模型 VAR_2	特征根
	0.980 943		0.977 838
	0.767 099		0. 681 120

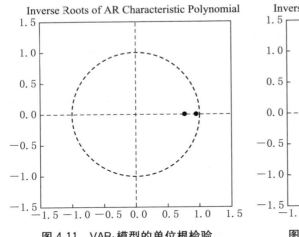

图 4.11　VAR₁ 模型的单位根检验　　　图 4.12　VAR₂ 模型的单位根检验

（3）模型结果及分析。

通过 VAR₁ 模型和 VAR₂ 模型的输出结果可以看出，滞后 1 期的生产性服务业增加值对服务贸易进出口额和服务贸易进口额有显著的正影响：滞后 1 期的生产性服务业增加值每增加 1 单位，服务贸易进出口总额增加近 0.22 个单位，服务贸易进口额增加近 0.35 个单位。可以看出，生产性服务业增加值对服务贸易进口额影响更大。

表 4.11　模型 VAR₁ 结果

VAR₁	$\ln TOS$
$\ln TOS(-1)$	0.788 372 (0.094 95) [8.303 30]
$\ln PS(-1)$	0.220 690 (0.095 10) [2.320 59]
C	−0.550 848 (0.305 93) [−1.800 54]

注:（　）里面表示标准误差,［　］表示 t 统计量。

表 4.12　模型 VAR₂ 结果

VAR₂	ln IMS
ln IMS(−1)	0.679 518 (0.121 31) [5.601 49]
ln PS(−1)	0.352 993 (0.130 72) [2.700 29]
C	−1.303 469 (0.554 16) [−2.352 15]

注:( )里面表示标准误差,[ ]表示 t 统计量。

7. 脉冲响应分析

由于 VAR 模型是一种非理论性的模型,它无需对变量作任何先验性的约束,因此在分析 VAR 模型时,往往不分析一个变量的变化对另一个变量的影响如何,而是分析当一个误差项发生变化时,或者说模型受到某种冲击时对系统的动态影响,这种分析方法称为脉冲响应函数(impulse response function,IRF)方法。为了进一步动态分析生产性服务业与服务贸易总额及进口额关系的动态特征,下面用用脉冲响应分析,即计算一个标准差大小的生产性服务业增加值冲击对服务贸易总额和服务贸易进口额的影响。

表 4.13　服务贸易进出口总额对生产性服务业增加值冲击的脉冲响应

Period	ln PS	ln TOS
1	0	0.120 803
2	0.011 669	0.101 381
3	0.020 398	0.086 317
4	0.026 876	0.074 598
5	0.031 631	0.065 449
6	0.035 069	0.058 274
7	0.037 5	0.052 616
8	0.039 163	0.048 125
9	0.040 241	0.044 532
10	0.040 873	0.041 631

表 4.13 和图 4.13 反映了模型 VAR_1 服务贸易进出口总额对各变量单位冲击的脉冲响应。

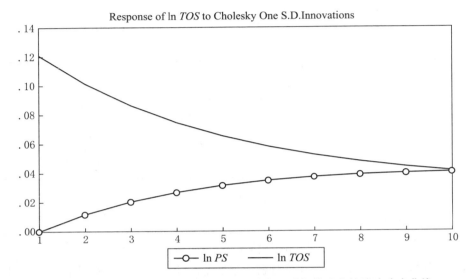

Response of ln TOS to Cholesky One S.D.Innovations

图 4.13　服务贸易进出口总额对生产性服务业增加值冲击的脉冲响应曲线

表 4.13 和图 4.13 显示了服务贸易进出口总额对自身的一个标准差冲击后和生产性服务业增加值的一个标准差冲击后的脉冲响应。当在本期给 ln TOS 一个标准差的信息后,ln TOS 立刻有较强的响应,但对其自身的冲击逐渐减弱,从第 1 期的 0.120 803 减弱到第 10 期的 0.041 631。当在本期给 ln PS 一个标准差的信息后,ln TOS 对生产性服务业起初并没有响应,第 2 期开始有正的响应,并且持续到第 10 期,但其值都不大,不到 0.05。这说明生产性服务业增加值对服务贸易进出口总额确实存在促进作用,并且这种促进作用是长久的。脉冲响应的值偏小则可能与我国生产性服务业尚不发达有密切关系。从长期来看,生产性服务业增加值对服务贸易进出口总额有显著的促进作用,生产性服务业的产值增加会拉动服务贸易进出口总额的增加。服务贸易进出口总额在很大程度上反映了我国服务业的国际化水平,可见,加快生产性服务业的发展对提高我国服务业的国际化水平、加快服务经济是有重大意义的。

表 4.14 和图 4.14 反映了模型 VAR_2 服务贸易进口额对各变量单位冲击的脉冲响应。

表 4.14　服务贸易进口额对生产性服务业增加值冲击的脉冲响应

Period	ln PS	ln IMS
1	0.069 612	0.168 813
2	0.068 459	0.114 712
3	0.067 207	0.077 868
4	0.065 898	0.052 779
5	0.064 561	0.035 696
6	0.063 214	0.024 066
7	0.061 87	0.016 15
8	0.060 538	0.010 764
9	0.059 222	0.007 1
10	0.057 928	0.004 61

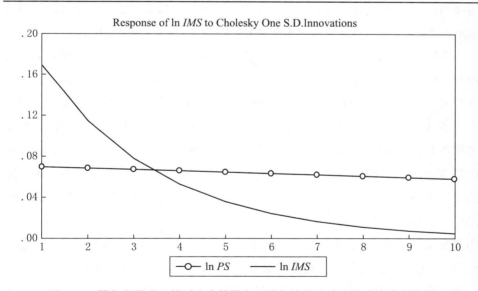

图 4.14　服务贸易进口额对生产性服务业增加值单位冲击的脉冲响应曲线

表 4.14 和图 4.14 显示了服务贸易进口额对自身的一个标准差冲击后和生产性服务业增加值的一个标准差冲击后的脉冲响应。当在本期给 ln IMS 一个标准差的信息后，ln IMS 立刻有较强的响应，在第 1 期时达到 0.168 813，然后响应开始减弱，在第 10 期减少至 0.004 61。ln IMS 对一个标准差的信息的 ln PS 的响应在第 1 期时达到 0.069 612，在第 4 期时超过 ln IMS 自身给其带来的脉冲响应，并且

响应一直稳定在 0.05 以上。这说明生产性服务业增加值对服务贸易进口额也是有着正向作用的,其影响在初期没有服务贸易进口额自身冲击的作用那么显著,但从长期看,生产性服务业的发展对服务贸易进口额的影响是不可忽视的。服务贸易进口额可以反映我国对服务的需求中来自国外的部分,我国服务贸易进口额持续上升其实反映了我国对服务的需求急剧增长,但是国内服务提供的能力和水平有限,无法满足国民经济发展的需求。生产性服务业的高端化和集约化发展是提升国内服务质量和服务水平的重要突破口,是服务贸易发展的重要支撑。

当存在外部冲击时,生产性服务业的发展水平和质量、内部行业结构变迁和集聚及内部资源整合都会出现相应的变化,当外部冲击对生产性服务业变化有利时,就会对服务贸易产生正向绩效。生产性服务业在国民经济发展过程中的地位越来越受到重视,各种支持和促进生产性服务业发展的政策正逐步推广开来。增值税转型改革于 2004 年开始先后在东北、中部等部分地区进行试点,并于 2009 年 1 月 1 日起在全国所有地区、所有行业推行。增值税转型改革降低了制造业企业设备投资的税收负担,促进企业技术进步,加快了制造业与生产性服务业的融合进程。2012 年 1 月 1 日,上海市开展交通运输业和部分现代服务业营业税改征增值税试点改革,试点范围的现代服务业包括研发和技术服务业、信息技术服务业、文化创意服务业、物流辅助服务业、鉴证咨询服务业、有形动产租赁服务业。增值税扩围改革(我们在后文将对此进行实证研究)通过税收杠杆降低对部分现代服务业企业的税负,激励企业扩大投资,进行技术革新,推进专业化细分和升级换代,加快产业结构调整和优化升级,促进服务业逐渐成为国民经济重要支柱行业。另外,生产性服务业国际化转移为中国提供了发展生产性服务业的重大机遇,中国已经成为全球第二大离岸服务外包的承接地。服务外包的发展意味着服务分工的深化,通过服务流程分工深化提升服务业以及其他需要服务投入流程的部门经济效率,作为服务外包依托的生产性服务业正在成为经济发展的新增长点。生产性服务业正在受到各种外部冲击,除了税收政策改革带来的红利和生产性服务业国际转移的机遇,生产性服务集聚式发展也将对生产性服务业未来的发展产生深刻的影响,也必然会引起服务贸易持久的增长。

8. 方差分解分析

在分析了生产性服务业与服务贸易的脉冲响应后,我们再通过方差分解的方法继续分析两者的关系。方差分解是另一种描述动态系统的方法,脉冲响应函数是追踪系统对一个内生变量的冲击效果,而方差分析是分析每一个结构冲击对内生变量变化(通常用方差来度量)的贡献度,进一步评价不同结构冲击的重要性。方差分解是将变量预测方差进行分解的技术,某个变量预测方差可能由自身引起也可能由系统内其他变量引起。将这个预测方差分解为自身和系统内其他变量作用的结果,可以给出对 VAR 模型中的变量产生影响的每个随机扰动的相对重要性的信息。

表 4.15　服务贸易进出口总额的方差分解(%)

Period	$\ln PS$	$\ln TOS$
1	0	100
2	0.544 504	99.455 5
3	1.679 877	98.320 12
4	3.254 629	96.745 37
5	5.118 812	94.881 19
6	7.142 494	92.857 51
7	9.223 548	90.776 45
8	11.287 91	88.712 09
9	13.285 78	86.714 22
10	15.186 47	84.813 53

由表 4.15 可以看出,第 1 期我国服务贸易进出口总额的预测方差只受到自身波动的影响。随着时间的推动,服务贸易进出口总额的预测方差受自身波动的影响逐渐减弱,而生产性服务业增加值对服务贸易进出口总额预测方差的影响则逐渐增强,在第 10 期时生产性服务业增加值对服务贸易进出口总额预测方差的影响达到15.19%。虽然服务贸易进出口总额自身的贡献占主导地位,但可以看出生产性服务业增加值对服务贸易进出口总额起到了持续推动的作用,并且这种推动力是不断增强的,也就意味着,生产性服务业在提升服务贸易发展过程中会发挥越来越重要的作用。

下面是 $\ln PS$ 与 $\ln IMS$ 的方差分解。

VAR_2 模型的方差分解结果与 VAR_1 相似。由表 4.16 可以看出,第 1 期我国服务贸易进口额的预测方差只受到自身波动的影响,生产性服务业增加值对服务贸易进口额的预测方差没有影响。随着时间的推动,服务贸易进口额的预测方差受自身波动的影响逐渐减弱,而生产性服务业增加值对服务贸易进口额预测方差的影响则逐渐增强,在第 10 期时生产性服务业增加值对服务贸易进口额预测方差的影响接近 20%,可以看出生产性服务业对服务贸易进口额也起到了持续推动的作用。生产性服务业增加值对我国服务贸易进口额的作用稍大于对服务贸易进出口总额的作用,这可能是因为生产性服务业增加值对我国服务贸易出口额的作用尚未充分发挥,从而拉低了对服务贸易进出口总额的贡献率。当生产性服务业增加值与服务贸易出口额形成一种长期均衡关系的时候,生产性服务业对服务贸易的作用将会得到进一步强化。

表 4.16 服务贸易进口额的方差分解(%)

Period	ln PS	ln IMS
1	0	100
2	0.747 301	99.252 7
3	2.323 697	97.676 3
4	4.499 561	95.500 44
5	7.026 131	92.973 87
6	9.694 388	90.305 61
7	12.355 49	87.644 51
8	14.916 58	85.083 42
9	17.327 23	82.672 77
10	19.565 53	80.434 47

9. 研究结论和政策建议

在经济全球化与贸易自由化的国际背景下,服务贸易正在成为世界经济的新引擎,是服务业国际化的主要形式,世界各国都在积极发展服务贸易。从总体看,我国服务贸易发展仍然相对滞后。虽然我国服务贸易在数量上占据国际市场相当的份额,但质量上与国际领先水平相差悬殊,国际竞争力不足。从服务贸易结构来看,我国服务贸易结构层次低,集中在运输、旅游和建筑等传统服务贸易部门,资本、知识和技术密集型的高附加值生产性服务贸易发展滞后。从竞争优势来看,传统服务贸易如运输服务和旅游服务的竞争优势开始减弱,部分现代服务贸易,如计算机和信息服务的竞争优势明显增强。这一变化是优化我国服务贸易结构、提高服务贸易国际竞争力的推动力。

　　各国为取得产品的比较优势,会将价值链的各个环节在全球进行重新分配。当价值链的各个环节分布在世界各国或地区时,生产过程就分散到不同国家的生产区段。此时,需要跨国服务链将不同的生产区段连接起来,对跨国服务的需求就会增加,对国际服务链的需求诱发了服务贸易。而连接生产区段的服务就是生产性服务业。差异化的生产性服务业不断涌现,从而诱发服务贸易的增长。为验证生产性服务业能否提升我国服务贸易,我们选取 1982—2011 年我国生产性服务业增加值、服务贸易出口额、服务贸易进口额、服务贸易进出口总额数据,根据数据本身确定向量自回归(VAR)模型,利用脉冲响应函数和方差分解技术进行实证研究。研究发现:

　　第一,通过协整检验,发现我国生产性服务业增加值与服务贸易进口额和进出口总额之间存在长期的均衡关系。这种长期均衡的关系,实际上反映了我国经济发展对生产性服务业的需求日益扩大,而国内的生产性服务业发展水平还无法满足国内经济发展需求,表现为服务贸易进口额和进出口总额持续增长。生产性服务业作为服务贸易的产业基础,对诱发服务贸易、促进服务贸易增长有着重要作用,实证结果与前文的理论分析相符合。

　　第二,实证结果表明,我国服务贸易出口额与生产性服务业增加值并不存在长期的均衡关系。这与我国服务贸易逆差持续扩大、服务贸易国际竞争力不足以及生产性服务业发展滞后的现状相符合。生产性服务业与制造业联动程度不高,尚未形成产业间相互促进的良性循环,行业间供求脱节,连锁效应弱,以至于生产性服务业不能充分带动服务贸易发展。

　　第三,建立的 VAR 模型表明,滞后 1 期的生产性服务业增加值每增加 1 单位,服务贸易进出口总额增加近 0.22 个单位,服务贸易进口额增加近 0.35 个单位。生产性服务业增加值对服务贸易的进口额及进出口总额有着持续的正向作用,且生产性服务业增加值对服务贸易进口额的影响要大于对服务贸易进出口总额的影响。我国服务贸易进口长期大于出口,进口其实更多的反映了服务贸易总量规模的增长,可见生产性服务业有利于扩大服务贸易的规模总量。生产性服务业增加值对服务贸易进口额的影响更大,这可能是由于生产性服务业增加值与服务贸易出口额并不存在长期均衡关系,从而拉低了其对服务贸易进出口总额的作用。

　　第四,通过脉冲响应分析发现,生产性服务业对我国服务贸易的提升作用是持久和稳定的,但强度有限。方差分解分析进一步显示,生产性服务业对我国服务贸易起到了持续推动的作用,并且这种推动力是不断增强的。

结合实证结果,我们对生产性服务业提升我国服务贸易提出如下政策建议:

(1)我国应以发展生产性服务业作为提升我国服务贸易发展的方向。为此,首先要突破管理体制的约束和行政体制的束缚。目前,我国生产性服务业呈现高度垄断特性,导致其竞争程度、专业化分工程度以及制造业对其需求都较低。因此,在体制方面,政府应该放宽外资和民营资本的准入和经营范围的限制,打破行业垄断,增强生产性服务业市场的公平性和竞争性。

(2)加强生产性服务业与制造业的联动发展。目前我国生产性服务业尚未对服务贸易出口产生明显的推动作用,主要原因是我国的生产性服务业竞争力较弱。要加强我国生产性服务业与制造业的联动发展,实现生产性服务业与制造业的有效对接和互动,既要重视鼓励制造业不断加快服务外包,又要加快生产性服务业有序发展和有效供给,形成大规模的联动效应,促进两者有机融合、互动发展。

(3)优化服务贸易结构,大力发展生产性服务贸易。我国应积极承接高层次的知识、技术密集型跨国公司服务外包项目,积极融入到世界经济和国际分工体系的价值链高端。服务外包企业要加大研发投入,不断提升技术实力,用技术提高产品和服务的附加值。企业可以通过有效利用新兴技术(如云计算、移动互联技术、物联网等新兴 IT 技术)来促进产业的结构调整和技术的上档升级。此外,由于生产性服务业对服务贸易的提升作用是持久、稳定和渐进的,所以我国应进一步开放服务贸易领域,特别是生产性服务贸易领域。充分发挥跨国公司在促进我国服务贸易结构优化过程中的作用。在引资过程中要加强对外商投资产业的引导,积极承接高端生产性服务业,发展生产性服务贸易。

4.3 理论方法的实证研究

4.3.1 服务贸易提升的实证研究

1. 文献回顾
国内外学者关于服务贸易提升的研究主要集中在三个领域,即服务贸易的比较优势领域、产业内贸易领域、与货物贸易相关性领域。在服务贸易的比较优势领域,学者们主要是通过运用各种度量指标对不同经济发展水平经济体的服务贸易比较优势进行研究。例如 Hoeklnan 和 Karsenty(1992)运用显性比较优势指数对不同收入水平国家的服务贸易进行分析,指出收入水平与服务贸易优势存在正相关关系,既收入水平越高,服务贸易比较优势越大,并且收入水平低的国家在一些服务贸易部门也拥有比较优势;而 Falvey 和 Gemmll(1996)则得出发达国家在资本和技术密集型服务上的相对价格低,具有比较优势,而发展中国家在劳动或资源密集型服务上的相对价格低,具有比较优势。

在服务贸易的产业内贸易领域,学者们主要集中在对发达经济体服务贸易的产业内贸易水平进行研究,并得出大体一致的结论,即发达经济体之间的服务贸易以产业内贸易为主。其代表性观点有:Francois(1993)以 1986 年美国和 28 个国家或地区的进出口服务贸易数据为基础,分析美国生产性服务贸易格局及其决定因素,发现美国生产性服务贸易具有很强的产业内贸易特点;Hoen(1999)利用投入产出法对欧盟国家的贸易流量进行分析,指出欧盟国家间在产品和服务上均具有显著的产业内贸易特征。

在服务贸易与货物贸易相关性研究方面,主要有三种观点:一是服务贸易与货物贸易之间是互补关系。例如 Melvin(1989)提出货物贸易和服务贸易具有逆向相关关系,服务贸易顺差必然会带来货物贸易逆差。二是货物贸易发展与服务贸易发展具有单向的促进作用。例如陈宪(2000)指出货物贸易发展带动服务贸易发展。服务贸易特别是生产性服务贸易的发展源于随着货物贸易扩张所引起的服务需求,是货物贸易核心效用的派生效用。李静萍(2003)指出货物出口对服务出口具有显著的拉动效应,货物贸易发展过程中蕴含着发展服务贸易的巨大机会,发展中国家应当善于把握这些机会。三是服务贸易与货物贸易两者之间彼此相互促进。例如 Robinson、Wang 和 Martin(2002)运用 CGE 模型对服务贸易和货物贸易的相关性进行研究,得出两者间存在显著的相关性;Mazumdar(2005)运用微观经济学的定价原理,构建用以分析货物出口与服务进口相关性的理论模型,并通过实证分析得出货物贸易与服务贸易彼此相互促进。

总之,在提升服务贸易方面,收入水平与服务贸易优势存在正相关关系,即收入水平越高,服务贸易比较优势越大,并且收入水平低的国家在一些服务贸易部门也拥有比较优势。发达国家在技术或知识密集型服务贸易领域具有比较优势,并且产业内贸易水平较高。而发展中国家则在劳动或资源密集型服务贸易领域具有比较优势,但其产业内贸易水平较低。而在对服务贸易与货物贸易关系的研究中,至今尚未得出一致的结论,通常认为两者之间存在着互补、单向促进和互相促进三种关系。

在国际服务贸易中,服务贸易出口对提升服务贸易是直接相关的。因此在这一部分我们将采用实证分析的方法研究影响服务贸易出口的因素,以论证提升我国服务贸易的方法。

根据世界银行数据库统计数据,2010年服务贸易出口额超过300亿美元的国家或地区有30个,而受限于各国的数据统计情况,为了得到更具说服力的实证结果,我们选取了上述30个国家中的23个主要服务贸易国家进行实证检验[①],时间跨度为2002年到2010年。

2. 变量选取

服务贸易出口额(STO):选取各国国际收支平衡表(BOP)上的服务贸易出口额。

人均GDP($GDPP$):人均GDP反映了一国人均产出的能力,我们采用以美元现价计算的人均GDP。预期人均GDP对服务贸易出口有正向作用。

服务业产出(SVA):服务业产出表明了一国的服务业市场规模。我们采用以美元现价计算的服务业增加值。预期服务业产出对服务贸易出口有正向作用。

服务业集聚程度($SAGG$):服务业的集聚有助于提升服务企业降低成本和共享资源,有助于提升服务贸易的出口。我们采用服务业的区位商表示。[②]预期服务业集聚程度对服务贸易出口有正向作用。

实际汇率变动(E):实际汇率变动将影响服务出口的成本,我们选取官方公布

---

① 这23个国家是:奥地利、比利时、巴西、中国、丹麦、德国、印度、意大利、韩国、卢森堡、马来西亚、荷兰、挪威、波兰、俄罗斯、新加坡、西班牙、瑞典、瑞士、泰国、土耳其、英国和美国。其他7个服务贸易出口额超过300亿美元的国家或地区是:澳大利亚、加拿大、法国、希腊、中国香港、爱尔兰和日本。

② 一国服务业区位商 $SAGG = \dfrac{SVA_i/GDP_i}{SVA_w/GDP_w}$,其中 SVA_i 代表该国服务业增加值,GDP_i 代表该国 GDP,其中 SVA_w 代表全球服务业增加值,GDP_w 代表全球 GDP。

汇率的变动和以消费者价格计算的通货膨胀率来计算。①预期实际汇率变动对服务贸易出口有负向作用。

货物贸易出口额(MTO)：服务贸易伴随着货物贸易的发展而产生，货物贸易的出口对服务贸易出口具有互补或促进作用。我们选取国家收支平衡表（BOP）上的货物贸易出口额。预期货物贸易出口额对服务贸易出口有正向作用。

利用 FDI 金额（FDI）：FDI 可以增加国内资本存量，提升产出能力从而提高服务贸易。我们选取 FDI 流入流量。预期利用 FDI 金额对服务贸易出口有正向作用。

上述变量的数据均来自世界银行数据库，这也在一定程度上保证了统计口径的一致性。这些变量中，反映绝对值的（STO、$GDPP$、SVA、MTO、FDI）取对数计入模型，可以避免量纲不同带来的问题并减少异方差性，而相对值（$SAGG$ 和 E）则直接纳入模型。

初步模型设定：

$$\ln STO_{it} = \alpha_{it} + \beta_1 \ln GDPP_{it} + \beta_2 \ln SAV_{it} + \beta_3 SAGG_{it}$$
$$+ \beta_4 E_{it} + \beta_5 \ln MTO_{it} + \beta_6 \ln FDI_{it} + u_{it} \tag{4.8}$$

其中下标 i 表示国家，t 表示时间。在对式（4.8）进行了初步回归估计后，发现 $\ln FDI$ 和 $\ln GDPP$ 无法通过检验，且删除后模型拟合结果变好，因此未纳入最终模型。

最终模型设定：

$$\ln STO_{it} = \alpha_{it} + \beta_1 \ln SAV_{it} + \beta_2 SAGG_{it} + \beta_3 E_{it} + \beta_4 \ln MTO_{it} + u_{it} \tag{4.9}$$

3. 模型的估计和修正

面板模型有混合效应模型（个体效应完全一样，$\alpha_{it} = \alpha$）、固定效应模型（个体效应 α_{it} 与解释变量相关）和随机效应模型（个体效应 α_{it} 和解释变量无关）。我们分别对这三种模型进行回归。回归结果见图 4.15—4.17：

---

① 一国实际汇率计算公式：$RXR_i = \dfrac{1 + INF_{USA}}{XR(1 + INF_i)}$。其中 INF_{USA} 代表美国消费者价格计算的通货膨胀率，INF_i 代表该国消费者价格计算的通货膨胀率，XR 代表官方公布的该国货币兑美元汇率即名义汇率。E 为一国实际汇率的增长率（可能为负）。

Source	SS	df	MS
Model	117.537367	4	29.3843419
Residual	30.4740102	202	.150861437
Total	148.011378	206	.718501833

Number of obs = 207
F(4,   202) = 194.78
Prob > F   = 0.0000
R-squared   = 0.7941
Adj R-squared = 0.7900
Root MSE   = .38841

lnsto	Coef.	Std. Err.	t	P>|t|	[95% Conf. Interval]	
lnsva	.1772223	.0398999	4.44	0.000	.0985485	.2558961
sagg	2.685278	.1933936	13.89	0.000	2.303949	3.066607
e	-.1895411	.3634164	-0.52	0.603	-.9061172	.5270351
lnmto	.4381923	.0506013	8.66	0.000	.3384178	.5379667
_cons	6.090101	.7500284	8.12	0.000	4.611212	7.56899

图 4.15　混合效应模型

Fixed-effects (within) regression
Group variable: country

Number of obs   =   207
Number of groups =   23

R-sq: within = 0.9519
       between = 0.6783
       overall = 0.7057

Obs per group: min =   9
                 avg =   9.0
                 max =   9

corr(u_i, Xb) = -0.6219

F(4,180)   = 890.68
Prob > F   = 0.0000

lnsto	Coef.	Std. Err.	t	P>|t|	[95% Conf. Interval]	
lnsva	.303984	.0663152	4.58	0.000	.1731288	.4348393
sagg	1.495378	.3133913	4.77	0.000	.8769843	2.113771
e	-.3702855	.087548	-4.23	0.000	-.5430379	-.197533
lnmto	.7172374	.0561479	12.77	0.000	.6064446	.8280301
_cons	-3.395594	.5477308	-6.20	0.000	-4.476393	-2.314794

sigma_u	.59019708	
sigma_e	.08390296	
rho	.98019061	(fraction of variance due to u_i)

F test that all u_i=0:   F(22, 180) =   188.59   Prob > F = 0.0000

图 4.16　固定效应模型

Random-effects GLS regression
Group variable: country

Number of obs   =   207
Number of groups =   23

R-sq: within = 0.9511
       between = 0.7110
       overall = 0.7363

Obs per group: min =   9
                 avg =   9.0
                 max =   9

Random effects u_i ~ Gaussian
corr(u_i, X)   = 0 (assumed)

Wald chi2(4)   = 3272.08
Prob > chi2   = 0.0000

lnsto	Coef.	Std. Err.	z	P>|z|	[95% Conf. Interval]	
lnsva	.2226926	.0602166	3.70	0.000	.1046703	.340715
sagg	1.997044	.2851169	7.00	0.000	1.438226	2.555863
e	-.3239699	.0905542	-3.58	0.000	-.5014529	-.1464868
lnmto	.7502475	.0529725	14.16	0.000	.6464233	.8540717
_cons	-2.569394	.5429501	-4.73	0.000	-3.634088	-1.505763

sigma_u	.40127708	
sigma_e	.08390296	
rho	.95811269	(fraction of variance due to u_i)

图 4.17　随机效应模型

图 4.16 中给出了对比混合效应模型和固定效应模型的 F 统计结果，$\text{Prob} > F$ $= 0$ 证明固定效应模型明显优于混合效应模型。而 Breusch 和 Pagan LM 检验证明了随机效应模型优于混合效应模型（$\text{Prob} > F = 0$）。如图 4.18 所示：

```
Breusch and Pagan Lagrangian multiplier test for random effects

       lnsto[country,t] = Xb + u[country] + e[country,t]

       Estimated results:
                             Var        sd = sqrt(Var)
                 lnsto     .7185018         .8476449
                     e     .0070397         .083903
                     u     .1610233         .4012771

       Test:    Var(u) = 0
                             chi2(1) =     609.59
                          Prob > chi2 =     0.0000
```

图 4.18　Breusch & Pagan LM 检验

利用 Hausman 检验从固定效应模型和随机效应模型中进行选择，检验结果表明固定效应模型优于随机效应模型（$\text{Prob} > \text{chi2} = 0.000\,2$，见图 4.19）。最终我们选择固定效应模型。

```
                ── Coefficients ──
                  (b)         (B)          (b-B)      sqrt(diag(V_b-V_B))
                  fe          re         Difference        S.E.
       lnsva    .303984     .2226926      .0812914        .0348928
       sagg    1.495378    1.997044      -.5016669        .1639491
          e   -.3702855   -.3239699      -.0463156        .0155441
       lnmto   .7172374    .7502475      -.0330101        .025809

          b = consistent under Ho and Ha; obtained from xtreg
          B = inconsistent under Ha, efficient under Ho; obtained from xtreg

       Test:  Ho:  difference in coefficients not systematic

              chi2(4) = (b-B)'[(V_b-V_B)^(-1)](b-B)
                      =       22.23
              Prob>chi2 =      0.0002
```

图 4.19　Hausman 检验

对模型进行异方差、组内自相关和组间截面相关检验，结果见图 4.20—4.22：

```
Modified Wald test for groupwise heteroskedasticity
in cross-sectional time-series FGLS regression model

HO: sigma(i)^2 = sigma^2 for all i

chi2 (23) =   19188.15
Prob>chi2 =      0.0000
```

图 4.20　异方差检验

```
Wooldridge test for autocorrelation in panel data
H0: no first-order autocorrelation
    F( 1,      22) =      36.373
         Prob > F =       0.0000
```

图 4.21　组内自相关检验

```
Pesaran's test of cross sectional independence =      2.892, Pr = 0.0038
```

图 4.22　组间截面相关检验

可以看出，面板数据存在异方差（Prob > chi2 = 0）、组内自相关（Prob > F = 0）和组间截面相关（Pesaran 检验的 Pr 小于 0.05）。因此我们采用固定效应的 Driscoll-Kraay 标准差回归（XTSCC）来对模型进行修正，这种标准差即使在异方差、组内自相关和组间截面相关都存在的情况下仍然是稳健的。结果见图 4.23。

```
Regression with Driscoll-Kraay standard errors   Number of obs    =       207
Method: Fixed-effects regression                 Number of groups =        23
Group variable (i): country                      F( 4,      8)    =  15019.20
maximum lag: 1                                   Prob > F         =    0.0000
                                                 within R-squared =    0.9519
```

lnsto	Coef.	Drisc/Kraay Std. Err.	t	P>|t|	[95% Conf. Interval]	
lnsva	.303984	.0522585	5.82	0.000	.1834756	.4244924
sagg	1.495378	.3850092	3.88	0.005	.6075449	2.38321
e	-.3702855	.0849449	-4.36	0.002	-.5661688	-.1744022
lnmto	.7172374	.0370072	19.38	0.000	.6318986	.8025762
_cons	-3.395594	.3230577	-10.51	0.000	-4.140566	-2.650621

图 4.23　固定效应的 XTSCC 回归结果

可以看出模型的拟合效果非常好，组内 R^2 高达 0.951 9，F 统计量为 15 019.20 通过检验，各变量的 t 统计量也均通过检验，各变量系数值的符号也符合预期。

4. 实证分析结果

从实证结果可以看出服务业集聚程度、服务业的产出、真实汇率变动和货物贸易出口额对服务贸易出口额具有比较明显的影响。

在所有变量中，服务业集聚程度的系数最高，为 1.495 4，这说明服务业的集聚程度对于服务贸易出口的影响最为强烈。提升服务业的集聚程度，将大大提高服务贸易出口的能力，这为建立服务贸易集聚区以增加服务贸易出口额提供了实证依据。

货物贸易出口额的系数仅次于服务业集聚程度，为 0.717 2，这也验证了货物贸易的发展对服务贸易所具有的促进作用。加强我国货物贸易出口将带动我国服务贸易出口。

服务业产出对于服务贸易的弹性为 0.304 0。服务业发展水平高的国家或地区具有更丰富的服务生产经验,能更高效地提供给顾客满意的服务,自然在国际市场上的竞争力也会较强。

实际汇率的升高会提升服务产品的价格,在我们的模型中其系数为 $-0.370\,2$,对服务贸易出口有反向作用。可以看出,保持汇率的稳定对于服务贸易的发展非常重要。

5. 结论与启示

进入 21 世纪以来,我国服务贸易规模飞速扩张,在世界服务贸易中所占据的地位越来越重要。2010 年我国服务贸易出口占全球服务贸易出口的比重为 4.22%,进口占全球服务贸易进口的比重为 5.13%,我国已成为服务贸易的大国。我国服务贸易进出口结构正逐步趋于优化,运输和旅游等传统服务进出口部门所占的比例有所下降,以通讯、计算机和信息、金融、保险、文化、技术专利使用费和特许费为代表的新兴服务贸易发展较为迅速。

我们采用 2002—2010 年全球 23 个主要服务贸易国家的面板数据进行实证研究后发现:

第一,对服务贸易提升影响最大的变量为服务业集聚程度,其系数高达 1.495 4。实证结果显示,服务业集聚对服务贸易提升具有明显的促进作用。为此,我国应加大服务业集聚区的建设,特别是将高附加值的新兴服务业,如计算机和信息服务、技术专利使用费和特许费服务、金融服务、保险服务以及个人、文化和娱乐服务等引入集聚区。现阶段,我国应积极利用服务业国际转移的机遇,通过构建服务贸易集聚区,加大对服务贸易外资的产业导向力度,促进服务贸易与服务业集聚的互动式发展。

第二,我们的实证结果显示,对服务贸易提升影响较大的因素除服务业集聚外,还包括货物贸易出口(系数 0.717 2)、服务业产出(系数 0.304 0)和实际汇率变动(系数 $-0.370\,2$)。这些因素的影响虽然没有服务业集聚那么显著,但也不能忽视。我国在通过服务业集聚提升服务贸易的同时,还要保持货物贸易大国的地位,使得货物贸易和服务贸易之间形成相互促进的良性发展格局。此外,进一步加快产业转型升级,促进服务业发展,并保持实际汇率的稳定。这样才能提升我国服务贸易,使得我国早日从服务贸易大国转型为服务贸易强国。

4.3.2　FDI拉动模式的实证研究

FDI拉动模式是通过服务业FDI和服务业集聚之间的互动来实现的。国外关于服务业FDI与服务业集聚相互关系的研究主要集中在生产性服务业领域。Raff和Ruhr(2001)运用1976—1995年美国对25个国家生产性服务业投资的面板数据,建立FDI影响因素的计量模型,认为影响FDI的因素不仅包括政治和文化壁垒,还包括信息沟通是否顺畅。由此进一步说明了生产性服务业的外资企业在选址时更倾向于与其下游行业如工业企业接近。Hilber和Voicu(2007)对罗马尼亚经济改革以来的巨额外资流入进行了研究,发现服务业集聚因素是影响FDI的主要条件。他们还进一步发现,服务业就业比重每提高10%,FDI的可能性就增加11.9%。Kolstad和Villanger(2008)分析了1989—2000年57个国家的行业数据,考察了东道国吸引服务业外资的决定因素,得出结论:FDI影响因素中,制度因素和民主状况的作用要强于投资风险和政局稳定性,民主状况的影响程度在发展中国家较为显著;另外,生产性服务业与制造业FDI高度相关,并在地理位置上接近于制造企业,如金融业和交通运输业等。

相较于愈演愈烈的服务业跨国转移态势,我国国内对于服务业FDI与服务业集聚关系的研究文献并不多见,其原因主要是服务业数据难以获取,但仍有部分学者对其进行了不同角度的研究。Tuan和Ng(2003)在克鲁格曼CP模型的基础上,分析了1998年广东省服务企业的数据,发现服务业同制造业一样,集聚因素都会成为其吸引FDI的一个重要因素,并且不论是制造业还是服务业,企业规模越小,集聚因素对FDI产生的作用越大。姜琴和胡汉辉(2004)考察了苏州IT产业集聚的实际情况,并得出FDI与政府互动对地区产业集聚的作用。他们认为政府行为对外资企业的区位选择有着重要影响,外资的落户又会促进地区经济的发展,推动产业集聚区的形成,由此进一步促进政府完善招商引资的环境建设,从而形成一种良性循环。张洁(2009)采用我国27个省份和直辖市在2000—2007年第三产业实际利用FDI的数据,进行面板数据计量检验,探讨影响我国第三产业FDI的因素,发现市场化程度即第三产业集聚程度影响显著,而市场规模的作用并不明显。

由于 FDI 拉动模式是通过服务业 FDI 和服务业集聚之间的互动来实现的,所以本节我们将从服务业 FDI 对服务业集聚,服务业集聚对服务业 FDI 两方面分别进行实证研究。在此基础上,我们将对引进生产性服务业 FDI 的决定因素进行进一步的深入研究。

1. 服务业 FDI 对服务业集聚的实证研究

(1) 模型构建。

为了考察服务业 FDI 对服务业集聚的影响,基本模型设定如下:

$$\ln SC_{it} = \alpha + \beta \ln SFDI_{it} + \theta X_{it} + u_{it} \tag{4.10}$$

其中被解释变量为地区服务业区位商 SC,解释变量为服务业 FDI $SFDI$,其他可能对服务业集聚造成影响的因素列入到控制变量 X_{it} 的集合中。

下标 i 表示城市,我们选取我国 12 个大中城市的数据;t 表示时间,本模型采用的是 2000—2010 年的数据。$\ln SC_{it}$ 表示 i 城市 t 年服务业区位商的对数值,X_{it} 是控制变量的集合。u_{it} 为误差项,服从均值为 0、方差为 σ^2 的正态分布。

(2) 指标选取。

$\ln SC_{it}$ 是被解释变量,表示各个城市的服务业集聚度,下标 i 表示城市,t 表示时间。我们用服务业增加值计算的区位商来表示各城市的服务业集聚度。$\ln SFDI_{it}$ 是解释变量,表示服务业 FDI,选取各个城市当年的 FDI 实际吸收额来衡量。

X_{it} 为控制变量,控制变量用来控制其他经济指标或政策环境变化对被解释变量的影响,从而避免伪回归的发生。前文理论部分提到,服务业集聚的模式有自发型和外源型两种,外源型模式又包括政策引导式和 FDI 的形式,可见政策性因素会对服务业集聚造成一定影响,但政策因素难以计量,因此我们主要考虑经济因素的影响,选取人力资本成本、经济发展状况,以及第二产业集聚度作为控制变量,由此分析服务业 FDI 对服务业集聚的影响。

(3) 数据来源说明与处理。

我国加入 WTO 的时间为 2001 年底,在加入 WTO 的前两年对 FDI 的投向有政策引导作用,因此,我们的研究范围划定为 2000 年至 2010 年的我国东部城市,而鉴于数据的可得性,最终选择北京、天津、上海、南京、苏州、南通、宁波、青岛、沈阳、厦门、广州、深圳这 12 个大中城市为研究对象,由此分析服务业 FDI 对服务业集聚的影响。

本节所使用的数据如下:

服务业集聚度(SC):各个城市的第三产业增加值计算的服务业区位商。

服务业 FDI($SFDI$):各个城市的第三产业 FDI 实际吸收额乘以当年美元兑人民币的汇率来消除汇率因素的影响。此外,为消除价格因素的影响,我们采用固定资产投资价格指数(2000 年的指数=1)对各数据进行平减。

第二产业集聚度(MC):各个城市的第二产业增加值计算的服务业区位商。

经济发展状况(AVE):各个城市的人均生产总值。为消除价格因素的影响,我们采用居民消费价格指数(2000 年的指数=1)对各数据进行平减。

人力资本成本(SAL):各个城市的在岗职工平均工资。为消除价格因素的影响,采用居民消费价格指数(2000 年的指数=1)对各数据进行平减。

以上数据均来自各个城市 2001 年至 2011 年统计年鉴或 2000 年至 2010 年统计公报。我们使用 12 个城市的面板数据进行分析,采用 Eviews6.0 软件估计 2000—2010 年各城市服务业集聚度对各个变量的回归模型。

(4)模型设定的检验。

① 模型形式设定的检验。

面板数据模型的单方程一般形式为:

$$y_{it} = \alpha_i + x_{it}\beta_i + u_{it}, \ i = 1, \cdots, N; \ t = 1, \cdots, T \tag{4.11}$$

式(4.11)考察的是在 N 个个体、T 个时间点上 K 个经济指标之间的变动关系,其中 α_i 为常数项,x_{it} 表示的是 $1 \times K$ 维的解释向量,K 为解释变量的个数,β_i 为 $K \times 1$ 维的向量,u_{it} 表示随机误差项,服从零均值、方差为 σ_u^2 的正态分布,并且各个随机误差项相互独立。

由于对不同系数的设定存在不同,又可将式(4.11)所描述的模型分成三类:

不变系数模型的单方程回归形式:

$$y_{it} = \alpha + x_{it}\beta + u_{it}, \ i = 1, \cdots, N; \ t = 1, \cdots, T \tag{4.12}$$

该模型假设在个体成员上既无个体影响也没有结构变化,即 $\alpha_i = \alpha_j$,$\beta_i = \beta_j$。

变截距模型的单方程回归形式：

$$y_{it} = \alpha_i + x_{it}\beta + u_{it}, \ i=1, \cdots, N; \ t=1, \cdots, T \qquad (4.13)$$

该模型假设在个体成员上存在个体影响但无结构变化，个体差异可以用截距项 α_i 来表示，即 $\alpha_i \neq \alpha_j$，$\beta_i = \beta_j$。

变系数模型的单方程回归形式：

$$y_{it} = \alpha_i + x_{it}\beta_i + u_{it}, \ i=1, \cdots, N; \ t=1, \cdots, T \qquad (4.14)$$

该模型假设在个体成员上同时存在个体影响和结构变化，个体差异用截距项 α_i 来表示，结构变化用系数 β_i 来表示，即 $\alpha_i \neq \alpha_j$，$\beta_i \neq \beta_j$，因此又被称为无约束模型。

在建立模型之前，首先要进行模型形式的设定检验，通过分别估计不变系数模型的单方程回归形式、变截距模型的单方程回归形式和变系数模型的单方程回归形式，得到各个估计式的残差平方和，结果如下：

$$S_1 = 0.037\,422, \ S_2 = 0.087\,903, \ S_3 = 0.753\,417$$

其中，$N=12$，$T=10$，$K=4$，利用式（4.15）和式（4.16）

$$F_2 = \frac{(S_3 - S_1)/[(N-1)(K+1)]}{S_1/[NT - N(K+1)]} \sim F[(N-1)(K+1), \ N(T-K-1)]$$
$$(4.15)$$

$$F_1 = \frac{(S_2 - S_1)/[(N-1)K]}{S_1/[NT - N(K+1)]} \sim F[(N-1)K, \ N(T-K-1)] \qquad (4.16)$$

得到两个检验统计量的结果如下：

$$F_1 = 1.839\,499, \ F_2 = 20.872\,36$$

F_1 服从自由度为 $(44, 60)$ 下的 F 分布，F_2 服从自由度为 $(55, 60)$ 下的 F 分布。取置信水平 $\alpha = 0.01$，F 值查表得 $F_{0.01}(44, 60) = 1.92$，$F_{0.01}(55, 60) = 1.86$。由于 $F_2 = 20.872\,36 > 1.86$，故拒绝假设 H_2，继续检验假设 H_1，又由于 $F_1 = 1.839\,499 < 1.92$，故接受假设 H_1。因此，采用变截距模型进行数据拟合，模型的具体形式为：

$$\ln SC_{it} = \alpha_i + \beta \ln SFDI_{it} + \theta_1 \ln MC_{it} + \theta_2 \ln AVE_{it} + \theta_3 \ln SAL_{it} + u_{it}$$
$$(4.17)$$

② 固定效应和随机效应的选择：Hausman 检验。

确定了模型的基本形式后，下一步需要检验模型估计选择固定效应模型还是随机效应模型。我们将 Hausman 检验作为模型筛选的依据。

通过 Eviews6.0 实现的 Hausman 检验，得出结果如表 4.17 所示：

表 4.17　残差平方和结果

	系数 C_1	系数 C_2	$C_1 - C_2$	sqrt(diag(Var(C_1) $-$ Var(C_2)))
	固定效应	随机效应		
$\ln(MFDI)$	0.012 35	0.013 124	$-0.000\ 774$	0.568 4
$\ln(SC)$	$-0.801\ 807$	$-0.821\ 5$	0.019 693	0.309 5
$\ln(AVE)$	$-0.051\ 606$	$-0.059\ 829$	0.008 223	0.108 2
$\ln(SAL)$	$-0.005\ 689$	0.001 56	$-0.007\ 249$	0.126 3

原假设 H_0：系数存在非系统性差异

$$H = (C_1 - C_2)'[\text{Var}(C_1) - \text{Var}(C_2)]^{-1}(C_1 - C_2)$$

$$= 5.083\ 519$$

$$\text{Prob} > H = 0.278\ 8$$

H 统计量为 5.083 519，检验的 Prob 值远大于 0，接受随机效应的假设，因此采用随机效应模型。

（5）实证结果。

我们运用 Eviews6.0 软件，对式（4.17）进行估计，在此之前，为了消除面板数据中经常会出现的截面异方差和序列自相关，在回归中选取了 GLS（广义最小二乘法）方法，并采用 cross-section weights（截面加权）进行估计，得出结果见表 4.18 所示：

表 4.18　模型估计结果

变　量	估计值	Prob
$\ln(SFDI)$	0.021 225	0.019 6
$\ln(MC)$	$-0.923\ 331$	0.000 0
$\ln(AVE)$	0.100 498	0.000 0
$\ln(SAL)$	$-0.134\ 178$	0.000 1
	$R^2 = 0.855\ 427$	
	$F = 177.028\ 7$	

表 4.18 显示了 4 个解释变量服务业 FDI 金额（$SFDI$）、第二产业集聚度（MC）、经济发展状况（AVE）、人力资本成本（SAL）对应的系数估计结果以及相应的 Prob 值，R^2 为 0.855 427，符合要求，代表模型具备一定解释力，并且各变量均在 1‰的置信水平上通过了检验。解释变量系数代表了该变量对被解释变量的影响程度。可见，服务业 FDI 增加 1 个百分点，将使得服务业集聚度提高 0.02 个百分点。

2. 服务业集聚对服务业外商直接投资的实证研究

（1）模型构建。

为了考察服务业集聚对服务业 FDI 的影响，基本模型设定如下：

$$\ln SFDI_{it} = \phi + \varphi \ln SC_{it} + \eta Y_{it} + \varepsilon_{it} \tag{4.18}$$

其中被解释变量为服务业 FDI $SFDI$，解释变量为地区服务业区位商 SC，其他可能对服务业集聚造成影响的因素列入到控制变量 Y_{it} 的集合中。

同样，下标 i 表示城市，即 12 个大中城市的数据；t 表示时间，本模型采用的是2000—2010 年的数据。$\ln SFDI_{it}$ 表示 i 城市 t 年服务业 FDI 的对数值，Y_{it} 是控制变量的集合。ε_{it} 为误差项，服从均值为 0、方差为 σ^2 的正态分布。

（2）指标选取。

$\ln SFDI_{it}$ 是被解释变量，表示各个城市的服务业 FDI，下标 i 表示城市，t 表示时间，我们选取各个城市当年的 FDI 实际吸收额来衡量。$\ln SC_{it}$ 是解释变量，为服务业集聚度的对数值，用服务业增加值计算的区位商来表示。

Y_{it} 为控制变量，控制变量用来控制其他经济指标或政策环境变化对被解释变量的影响，从而避免伪回归的发生。根据前文理论部分的铺垫可知，影响服务业集聚的因素有经济性和非经济性的因素，而我们所选取的 12 个大中城市均地处我国东部沿海地区，较早实现对外开放，与海外联系密切，在非经济性因素上差异性不是十分突出，所以在此主要考虑经济性因素的作用。

影响服务业 FDI 的区位选择因素主要有需求、供给和市场基础。其中需求主要依靠一定规模的消费群体和有效的购买力来拉动；人力资本是否自由流动及其成本、信息是否通顺流畅等等，会影响服务业 FDI 的供给；市场基础则包括地区的经济发展程度、基础设施状况、服务业开放度、城市化水平等等。此外，第二产业

FDI 也会对服务业 FDI 产生影响。

在指标选取上,市场基础用交通、运输及邮电业增加值(FRA)来衡量,供给的推动用高等学校在校学生人数(STU)来表示,由于可以表示需求拉动的人均可支配收入与人均生产总值存在线性相关,故不作考虑。由此,式(4.18)中的控制变量 Y_{it} 包括交通、运输及邮电业增加值(FRA)、高等学校在校学生人数(STU)和第二产业 FDI($MFDI$)。

(3) 数据来源说明与处理。

与前一节实证分析相同,本节研究对象也是 2000 年至 2010 年的我国东部这 12 个大中城市,由此分析服务业集聚对服务业 FDI 的影响。本节所使用的数据如下:

服务业 FDI($SFDI$):各个城市的第三产业 FDI 实际吸收额乘以当年美元兑人民币的汇率来消除汇率因素的影响。此外,为消除价格因素的影响,我们采用居民消费价格指数(2000 年的指数=1)对各数据进行平减。

第二产业 FDI($MFDI$):各个城市的第二产业 FDI 实际吸收额乘以当年美元兑人民币的汇率来消除汇率因素的影响。此外,为消除价格因素的影响,我们采用固定资产投资价格指数(2000 年的指数=1)对各数据进行平减。

服务业集聚度(SC):各个城市的第三产业增加值计算的服务业区位商。

基础设施(FRA):各个城市的交通、运输及邮电业增加值。为消除价格因素的影响,我们采用居民消费价格指数(2000 年的指数=1)对各数据进行平减。

人力资本(STU):各个城市的高等学校在校学生数。

以上数据均来自各个城市 2001 年至 2011 年统计年鉴或 2000 年至 2010 年统计公报。

我们对 12 个城市的面板数据进行分析,采用 Eviews6.0 软件,估计 2000—2010 年各城市服务业 FDI 对各个变量的回归模型。

(4) 模型设定的检验。

① 模型形式设定的检验。

在建立模型之前,首先要进行模型形式的检验选择,通过分别估计不变系数模型的单方程回归形式、变截距模型的单方程回归形式和变系数模型的单方程回归形式,得到各个估计式的残差平方和,结果如下:

$$S_1 = 6.902\,374, \ S_2 = 16.526\,02, \ S_3 = 38.020\,38$$

其中，$N=12$，$T=10$，$K=4$，利用式(4.15)和式(4.16)得到两个检验统计量的结果如下：

$$F_1 = 1.901\,252, \ F_2 = 4.918\,151$$

F_1 服从自由度为(44，60)下的 F 分布，F_2 服从自由度为(55，60)下的 F 分布。取置信水平 $\alpha = 0.01$，F 值查表得 $F_{0.01}(44, 60) = 1.92$，$F_{0.01}(55, 60) = 1.86$。由于 $F_2 = 4.918\,151 > 1.86$，故拒绝假设 H_2，继续检验假设 H_1，又由于 $F_1 = 1.901\,252 < 1.92$，故接受假设 H_1。因此，采用变截距模型进行数据拟合，模型的具体形式为：

$$\ln SFDI_{it} = \phi_i + \varphi \ln SC_{it} + \eta_1 \ln MFDI_{it} + \eta_2 \ln STU_{it} + \eta_3 \ln FRA_{it} + \varepsilon_{it} \tag{4.19}$$

② 固定效应和随机效应的选择：Hausman 检验。

确定了模型的基本形式后，下一步需要检验模型估计选择固定效应模型还是随机效应模型。我们将 Hausman 检验作为模型筛选的依据。

通过 Eviews6.0 实现的 Hausman 检验，得出结果如表 4.19 所示：

表 4.19　残差平方和结果

	系数 C_1	系数 C_2	$C_1 - C_2$	sqrt(diag(Var(C_1) − Var(C_2)))
	固定效应	随机效应		
$\ln(MFDI)$	0.548 837	0.440 151	0.108 686	0.007 0
$\ln(SC)$	0.216 791	0.062 694	0.154 097	0.769 8
$\ln(STU)$	−0.148 640	0.381 458	−0.530 098	0.000 1
$\ln(FRA)$	1.837 200	0.873 095	0.964 105	0.000 1

原假设 H_0：系数存在非系统性差异

$$H = (C_1 - C_2)'[\mathrm{Var}(C_1) - \mathrm{Var}(C_2)]^{-1}(C_1 - C_2)$$

$$= 23.119\,066$$

$$\mathrm{Prob} > H = 0.000\,1$$

H 统计量为 23.119 066，检验的 Prob 值接近于 0，较为显著，拒绝随机效应的假设,因此采用固定效应模型。

(5) 实证结果。

我们运用 Eviews6.0 软件,对式(4.19)进行估计,在本回归中同样也选取了 GLS(广义最小二乘法)方法,并采用 cross-section weights(截面加权)进行估计,得出结果如表 4.20 所示:

表 4.20 模型估计结果

变 量	估计值	Prob
$\ln(SC)$	1.040 745	0.047 9
$\ln(MFDI)$	0.413 853	0.000 0
$\ln(STU)$	0.487 843	0.000 0
$\ln(FRA)$	0.340 443	0.026 4
	$R^2 = 0.743\ 613$	
	$F = 87.285\ 31$	

表 4.20 显示了 4 个解释变量服务业集聚度(SC)、第二产业外商直接投资额($MFDI$)、人力资本(STU)、基础设施(FRA)对应的系数估计结果以及相应的 Prob 值,R^2 为 0.743 613,符合要求,代表模型具备一定解释力,并且各变量均在 1%的置信水平上通过了检验。解释变量系数代表了该变量对被解释变量的影响程度。可见,服务业集聚度增加 1 个百分点,将使得服务业 FDI 提高 1.04 个百分点。

上述两节主要采用面板数据模型,对我国 12 个大中城市 2000—2010 年的服务业 FDI 与服务业集聚的相互影响进行了实证检验,检验结果基本符合预期目标。从检验结果来看,服务业 FDI 对服务业集聚的影响呈正向,但影响结果不是十分显著,服务业 FDI 增加 1 个百分点,将使得服务业集聚度提高 0.02 个百分点;服务业集聚对服务业 FDI 的影响也呈正向,影响结果较为明显,即服务业集聚度增加 1 个百分点,将使得服务业 FDI 提高 1.04 个百分点。由于服务业 FDI 和服务业集聚之间的互动通过循环累积因果机制得到不断强化,所以只要它们之间的影响结果是正向的,就会相互不断加强,最终都将吸引更多服务业 FDI,进而加快服务业国际化的发展。

3. 引进生产性服务业 FDI 决定性因素的实证研究

(1) 样本选取。

我们采用的样本数据设定在 1989—2011 年。关于服务业 FDI 的统计数据均由各年《中国统计年鉴》整理而来，其中中国统计年鉴中关于 1989—1996 年只有合同利用 FDI 的数据，没有实际利用 FDI 的数据。因此为了选取更真实的样本数据，把当年 FDI 的实际金额占合同利用 FDI 金额的比例作为计算当年 FDI 实际金额的依据。

(2) 变量选取。

根据国内外已有的研究结论，以及结合我国的具体情况，我们选取我国生产性服务业人均 FDI 流量(人均服务业 FDI 总流量以及 4 类主要生产者服务业 FDI 流量)作为被解释变量，选取以下因素作为我国引进服务业 FDI 决定因素分析中的解释变量。

市场规模(GDP/PC)。一国的市场规模是吸引 FDI 的主要因素之一，东道国较大的市场规模能够降低投资成本，市场规模越大，投资者获得利润的空间越大，投资越多。我们用人均 GDP 表示在人均 FDI 水平上的市场规模大小，并预测两者之间呈正相关关系，该统计数据由历年《中国统计年鉴》整理而得。

经济增长潜力(GTH)。外商进行投资不仅要考虑现实的市场规模大小，还要考虑一国市场潜在的发展空间，较好的市场前景和发展潜力能更大程度吸引外商进行投资。我们用 GDP 的增长率表示经济增长潜力，并预测两者之间呈正相关关系，该统计数据由历年《中国统计年鉴》整理而得。

贸易开放度(OP)。一个国家市场的开放程度越高，对贸易的限制程度越小，对外资的吸引力就相对越大。我们用服务贸易进出口总额占 GDP 的比率表示贸易开放度，预计其对服务业 FDI 存在正影响，但影响很小。该统计数据由历年《中国统计年鉴》和《中国服务贸易统计年鉴》整理而得。

通货膨胀率(INF)。如果一个国家有较高的通货膨胀，那么该国货币倾向贬值，外币名义升值，此时的东道国国内货币环境对 FDI 有极大的吸引力。预计通货膨胀率与服务业 FDI 之间存在正相关关系，该统计数据由世界银行数据库得到。

制造业 FDI(MFDI)。跨国公司投资具有集聚效应，许多外商进行投资的原因是追随其竞争者。而在服务业中,生产性服务业占据整个服务业较大份额,生产性服务业与整个生产链条紧密相连,制造业 FDI 的增加会造成生产性服务业 FDI 的增加,从而带动整个服务业 FDI 的增加。我们以制造业人均 FDI 表示,并预计其与服务业 FDI 之间存在正相关关系,该统计数据由历年《中国统计年鉴》整理而得。

制度有效性(INS)。一国对外商投资颁布的政策越有效,其国内投资环境越稳健,对外商资本的吸引力也就越大,该数据由全球政治风险分析网站(http://www.prsgroup.com)上的数据加以转换整理得到。一般得分越高,表明一国国内制度环境越有效。

政策风险度(RISK)。作为政策变量的另一衡量指标,一国国内的经济政策风险越低就越能吸引外商进行投资,该数据由全球政治风险分析网站(http://www.prsgroup.com/)上的数据加以转换整理得到。一般得分越高,表明投资国国内政策风险越低,一国国内制度环境越有效。

(3) 模型建立。

$$\ln FDI_{it} = \alpha + \beta_1 \ln(GDP/PC)_{it} + \beta_2 GTH_{it} + \beta_3 OP_{it} + \beta_4 \ln(INF)_{it}$$
$$\qquad + \beta_5 \ln(MFDI)_{it} + \beta_6 INS_{it} + \mu_i + \varepsilon_{it} \qquad (4.20)$$

$$\ln FDI_{it} = \alpha + \beta_1 \ln(GDP/PC)_{it} + \beta_2 GTH_{it} + \beta_3 OP_{it} + \beta_4 \ln(INF)_{it}$$
$$\qquad + \beta_5 \ln(MFDI)_{it} + \beta_6 RISK_{it} + \mu_i + \varepsilon_{it} \qquad (4.21)$$

其中 i 分别代表引进人均服务业 FDI 总流量、人均金融业 FDI 流量、人均商业服务业 FDI 流量、人均交通运输业 FDI 流量和人均贸易服务业 FDI 流量;t 代表时间 1989—2011;$\ln(GDP/PC)$、$\ln(INF)$、$\ln(MFDI)$ 均为 GDP/PC、INF、$MFDI$ 的对数值。

设定式(4.20)解释变量中包含政策变量制度有效性(INS),式(4.21)用政策变量政策风险度(RISK)代替式(4.20)中制度有效性(INS)。由于面板数据同时含有横截面数据和时间序列数据,可能存在异方差性,对式(4.20)和式(4.21)同时进行普通最小二乘估计(OLS)和广义最小二乘估计(FGLS)。

(4) 实证结果与分析。

模型实证结果见表 4.21。

表 4.21 模型实证结果

解释变量	OLS(1)	FGLS(1)	OLS(2)	FGLS(2)
$\ln(GDP/PC)$	4.135***	3.879***	3.922**	4.005***
	(4.145)	(3.031)	(2.179)	(4.120)
GTH	0.157*	0.163**	0.209	0.147*
	(1.803)	(2.255)	(1.038)	(2.536)
OP	0.012	−0.019*	−0.008	0.001
	(1.007)	(1.895)	(0.873)	(1.124)
$\ln(INF)$	0.007**	−0.011	0.016*	0.009
	(2.135)	(−0.961)	(2.071)	(1.673)
$\ln(MFDI)$	3.250**	2.671***	2.984**	2.797**
	(2.756)	(3.060)	(2.450)	(2.645)
INS	0.051**	0.049*		
	(1.965)	(1.732)		
$RISK$			0.103	0.089*
			(1.107)	(1.045)
C	−12.191	−20.430	−17.855	−24.601
	(−2.340)	(−2.032)	(−3.162)	(−2.871)
R^2	0.830	0.695	0.783	0.742

注:括号内为 t 统计量,***、**、* 分别表示在 1%、5%、10%显著性水平上统计显著。

表 2 从左到右分成 5 列,第 1 列为公式的各解释变量,第 2 列和第 3 列分别为式(4.19),即政策变量为制度有效性(INS)的普通最小二乘估计(OLS)结果和广义最小二乘估计(FGLS)结果;第 4 列和第 5 列分别为式(4.20),即政策变量为政策风险($RISK$)时的普通最小二乘估计(OLS)结果和广义最小二乘估计(FGLS)结果。显然,由于设定解释变量之间可能出现的异方差性和内生性问题,普通最小二乘估计结果和广义最小二乘估计结果存在不一致性,但就这两种估计方法所得结果的影响方向大体一致。在以下分析中,采用面板数据的一般估计方法广义最小二乘估计(FGLS)结果加以分析。

总体而言,市场规模、制造业 FDI 和经济增长潜力是我国引进生产性服务业 FDI 最主要的决定因素。经济政策对引进服务业 FDI 也有积极影响,服务业的开放程度和我国国内的通货膨胀率对引进服务业 FDI 的影响不大。

市场规模与生产性服务业 FDI 之间存在显著的正相关关系,与我们的预测相符。市场规模每增大 1%,引进生产性服务业 FDI 增长 4%左右。由此可见,我国国内庞大的市场规模是吸引生产性服务业外商进入我国投资的最主要因素。

经济增长潜力与生产性服务业 FDI 之间有较为显著的正相关关系,一国的经济增长潜力越大就越能够吸引生产性服务业 FDI,与我们的最初预测相符。

贸易开放程度对生产性服务业 FDI 的影响不明显。事实上,就贸易开放程度对引进生产性服务业 FDI 的影响而言,国内外的许多实证研究得到的结论也存在不一致性。Chanda(1997)认为,由一国政策所决定的贸易开放度是 FDI 流向服务业的一个重要决定因素;Kolstad 和 Villanger(2008)的分析则认为贸易开放度对服务业 FDI 几乎没有影响。就我们的实证结论显示,贸易开放度对中国引进生产性服务业 FDI 影响不大,可能的原因是在现阶段外商对中国服务业的直接投资更看重市场规模等因素,而且他们相信中国尚处在快速发展的进程中,市场建设也会日趋完善,此时贸易开放程度在对华投资与否的决策中的作用不大。

通货膨胀率对引进生产性服务业 FDI 的影响不明显。近年来中国的通胀率趋于平稳,国内货币政策环境稳健,通胀在外商对华投资决策中影响不大。

制造业 FDI 与引进生产性服务业 FDI 之间存在显著的正相关关系,但制造业 FDI 对引进生产性服务业 FDI 的正影响仍然小于市场规模对引进生产性服务业 FDI 的正影响。制造业 FDI 每增长 1 个百分点,引进生产性服务业 FDI 增长约 3 个百分点。

中国国内的经济政策对引进生产性服务业 FDI 存在正面影响。经济政策的有效和稳定仍然对外商来华投资决策产生影响。我国国内经济政策越是高效和稳定,就越能够吸引外商来华进行投资。实证结果显示,相对于制度有效性,政策风险度对我国引进生产性服务业 FDI 的影响更大。

在包含不同政策变量的模型中,市场规模对引进生产性服务业 FDI 的影响仍存在一些差异,从表 4.21 第 3 列和第 5 列的对比中可以发现,当政策变量为政策风险(RISK)时,市场规模对引进生产性服务业 FDI 的影响大于当政策变量为制度有效性(INS)时的影响,由此可以进一步发现,不同政策变量不仅对引进生产性服务业 FDI 的直接影响不同,还会改变其他变量对生产性服务业 FDI 影响程度。与市场规模发生的改变不同的是,经济增长潜力对引进生产性服务业 FDI 的正影响在政策变量为政策风险（RISK）时小于制度有效性（INS）时的正影响，而制造业 FDI 发生的改变与市场规模一致。

（5）结论与启示。

近年来，中国引进服务业 FDI 呈现快速增长的趋势，这对促进我国服务业及其国际化的发展，加快我国经济转型升级发挥了重要作用。我国引进服务业 FDI 已经具备了一定的规模并保持着良好的发展势头。但是生产性服务业，例如金融业、商业、交通、贸易利用 FDI 的比重还很低，吸引 FDI 的能力有待提高，利用 FDI 的结构还需要继续优化。

为吸引更多生产性服务业 FDI 来华，需要进一步明确我国引进生产性服务业 FDI 的决定因素。我们通过对 1989—2011 年我国引进服务业 FDI 总流量以及 4 类主要生产性服务业（金融、商业、交通、贸易）FDI 流量的面板数据进行实证分析后发现，市场规模、制造业 FDI 和经济增长潜力是现阶段我国引进生产性服务业 FDI 最主要的决定因素。经济政策变量对我国引进生产性服务业 FDI 也有正影响，且不同的经济政策变量对引进生产性服务业 FDI 影响程度不同。贸易开放程度和我国国内的通货膨胀率对引进生产性服务业 FDI 的影响不大。通过本节的研究，有如下启示：

我们应扩大国内市场规模。我们的实证结果显示，市场规模每增大 1%，我国引进生产性服务业 FDI 增长 4% 左右。目前世界 500 强跨国公司中，已有约 490 家公司来华投资。跨国公司在华设立研发中心、地区总部等功能性机构超过 1 600 家。外资大批进入我国无不与我国庞大的市场规模有关。2012 年中国 GDP 达 8.3 亿美元，已成为世界第二大经济体，各省经济总量稳步上升，例如江苏、浙江、内蒙古三省或自治区人均 GDP 已突破 1 万美元。就服务业而言，我国应稳步提高服务贸易占我国对外贸易总额和全球服务贸易总额的比重，带动整个国内市场规模稳步扩大。我国国内庞大的市场规模是吸引生产性服务业 FDI 来华的首要决定因素。

我国应加快制造业升级发展。我们的实证结果表明，制造业 FDI 每增长 1%，我国引进生产性服务业 FDI 就会增长约 3%。制造业的升级发展离不开生产性服务业的支持，但目前我国国内的生产性服务业总体发展水平不高，无法满足制造业产业升级的要求。而产生于制造业的 FDI 将会通过制造业的集聚效应对生产性服务业的 FDI 产生辐射和带动作用,进而提升整个服务业 FDI。所以,我国在大力发展服务业的同时,必须优化制造业产业结构,加快制造业产业升级,加快国内制造业与国际先进制造业接轨的步伐,提高制造业对 FDI 的吸引力,通过制造业 FDI 产生的集聚效应带动生产性服务业的发展,从而提升整个生产性服务业 FDI 的水平。

我国应进一步挖掘经济增长潜力。我们的实证结果显示,经济增长潜力与引进生产性服务业 FDI 之间有较为显著的正相关关系,一国的经济增长潜力越大就越能吸引生产性服务业 FDI。我国应不断挖掘未来符合产业转型升级的新增长点。目前中国服务业总量占国内经济总量的比例只有 43%,而一般发达国家服务业总量占国内经济总量的比例为 70% 左右,巨大的发展空间为服务业增长和经济增长预留了极大的潜力。我国应不断挖掘服务业的新增长点,特别是重点培育未来具有良好前景的高端服务业和新兴服务业。

我国应积极引导服务业投资导向,优化服务业产业结构。我们的实证结果显示,制度有效性和政策风险度均与我国引进生产性服务业 FDI 正相关,且政策风险度的影响大于制度有效性。所以我国政府在制定引进生产性服务业 FDI 政策时,应该根据中国经济的发展状况,对服务业外资政策做出相应调整,将政策风险度降到最低。我国应制定一些具体的投资鼓励措施,加强对 FDI 的产业引导,重点引进高端服务业和新兴服务业,达到优化服务业内部结构的目的。

我国应增加贸易对外开放度,维持国内稳健的货币政策。虽然我们的实证结果显示,现阶段贸易开放度与我国引进生产性服务业 FDI 关系不大,这可能与多数服务产品的不可贸易性相关,也可能与我国目前巨大的市场规模掩盖了贸易开放度相关。但就长期而言,服务业的国际化必然要求服务产品完全对外开放,所以我国仍要继续增加贸易开放度,特别是提升服务贸易的开放度。此外,通货膨胀率虽然与我国引进生产性服务业 FDI 关系不大,但稳健的货币政策对于我国整体经济持续、健康的发展是相当重要的。

4.3.3 服务外包提升的实证研究

近年来,随着经济全球化的不断深入和国际产业结构的逐步调整,服务外包得到了迅速发展,成为服务业国际化的主要业态。服务外包可以更好地发挥各国的比较优势,提高世界范围内的资源配置效率,促进国家经济增长,已经成为发达国家和新兴市场国家所关注的热点。其中离岸服务外包是指跨国境的服务外包,是服务业国际化发展的重要形式。

依托我国制造业优势将直接产生大量在岸服务外包需求。由于在岸服务外包和离岸服务外包存在着业务上的重合,随着我国在岸服务外包业务的不断拓展必然会助推离岸服务外包的发展。为验证制造业优势能否助推离岸服务外包的发展,我们通过面板数据模型,对 2000 年到 2010 年全球 30 个主要离岸服务外包国家进行实证研究。

1. 文献回顾

国内外学者关于发展服务外包的研究主要集中在服务外包的动因方面,主要包括核心竞争力理论、比较优势理论、成本学派理论和市场学派理论等方面。

核心竞争力理论。绝大多数研究认为降低成本及强化核心竞争力是发展服务外包最关键的内在动因。Friedman(2006)认为,公司把业务转移出去的目的是获得更新的技术从而更快地成长,而绝不仅仅是简单地削减成本和缩小生产规模;荆林波(2005)认为,美国向许多国家转移的外包业务都是非核心业务及低附加值业务,从目前的数据来看,大多数有外包业务的美国公司通过外包巩固了核心业务,增强了核心竞争力和维护了高利润领域,这正是美国公司离岸服务外包的核心动力所在。

比较优势理论。依据比较优势理论降低成本是发展离岸服务外包的重要驱动因素。Apte 和 Mason(1995)提出离岸服务外包的好处是成本降低,拥有大量技术专家人才和巨大的发展中的市场,设计和开发周期缩短;孟保国和苏秦(2004)认为,外包可以削减开支,增强成本控制,同时外包供应商的专业化程度较高,相对的比较优势能够达到规模经济,使得成本更低、效率更高。

成本学派理论。在跨国公司对外投资中,成本最小化是外商投资区位选择的重要标准,但在生产成本的基础上,Buckley 和 Casson(1985)又将信息成本和交易成本引入跨国公司的离岸服务外包分析中。他们认为决定离岸服务外包业务区位选择的关键因素是交易成本和信息成本的大小。

市场学派理论。以 Kravis、Friedman、Caves 为代表的市场学派理论十分强调市场的接近性、市场规模及增长潜力对离岸服务外包接包方区位选择的影响,他们认为接近市场就意味着低运输成本和低信息搜寻成本,较大的市场规模和快速增长的市场潜力对跨国公司的离岸服务外包具有较大的吸引力。

上述研究基本围绕着发展离岸服务外包的动因展开,而关于制造业与离岸服务外包之间的研究大多围绕着服务外包对制造企业效率提升而展开。例如,Thijs 和 Edward(2001)通过数据分析对 1977—1987 年美国制造业生产率恢复增长的原因进行了探讨,实证表明制造企业将其相对无效率的服务环节外包出去,专注于提高自身核心竞争力,将会带来制造业生产率的提高;徐毅、张二震(2008)使用投入产出表的数据,以我国 35 个工业行业为研究对象,检验了服务外包对全员劳动生产率的影响,结果表明:制造企业把非核心业务外包出去将会提高制造企业的劳动生产率。关于制造业对离岸服务外包影响的研究则略微单薄,而此方面的研究对于中国这样的制造业大国而言,却具有相当重要的实际意义,我们的研究正是对此进行的尝试。

为验证制造业优势能否助推离岸服务外包的发展,我们通过实证分析找出影响离岸服务外包发展的因素。受限于统计工作的时滞性和数据可得性,我们选取 2000—2010 年全球 30 个主要离岸服务外包国家[①]的面板数据进行实证分析。

2. 变量选取

离岸服务外包承接额(OS):由于服务外包的兴起时间很短,对于服务外包的统计工作较为滞后,其统计数据难以获得且统计标准不一。考虑到离岸服务外包是国际服务贸易出口的一部分,并且服务贸易中的其他服务项包含了离岸服务外包项目(通信、计算机和信息服务、金融和保险服务、咨询服务、会计服务和法律服务等),目前学界通常选取服务贸易出口额,或者服务贸易出口额中的其他服务贸易出口额作为离岸服务外包的代理变量(吕延方、赵进文,2010)。借鉴他们的做法,我们选取国际收支平衡表上的其他商业服务贸易出口额来表示离岸服务外包承接额。

人力资源禀赋(EDU):对于人力资源的测算,目前尚未有统一的结论。一般做法是采用工资水平或者学生入学率,毕业生占人口比重等方法来测算。由于承接服务外包对于人力资源禀赋的要求较高,因此我们选用高等教育入学率来表示

---

① 这 30 个国家为:奥地利、中国、捷克、丹麦、芬兰、法国、匈牙利、冰岛、印度、爱尔兰、意大利、日本、哈萨克斯坦、韩国、拉脱维亚、立陶宛、墨西哥、荷兰、挪威、波兰、葡萄牙、斯洛伐克、斯洛文尼亚、西班牙、瑞典、瑞士、泰国、土耳其、英国、美国。

各国的人力资源禀赋。

人均 GDP($GDPP$)：人均 GDP 反映了一国人均产出的能力，也在一定程度上体现了人力资本水平和工资水平，会对外包的成本和收益造成影响。

硬件条件(IUP/IU)：影响服务外包承接额的硬件条件主要为信息网络的发展水平。因此我们选取因特网使用人数(IU，绝对量)或者每百人因特网使用人数(IUP，相对量)来表示硬件条件。

实际汇率变动(E)：实际汇率变动将影响服务出口的成本，我们选取官方公布汇率的变动和以消费者价格计算的通货膨胀率来计算。[①] 预期其对服务贸易出口有负向作用。

服务业发展水平($SVAP$)：服务业发展水平直接决定了承接服务外包的能力。我们选取服务业占 GDP 比重表示服务业发展水平。

制造业发展水平($MVAP$)：理论上制造业的发展水平直接影响在岸(国内)服务外包市场，而企业承接离岸和在岸服务外包并不是完全割裂的；并且制造业的发展水平也会间接影响承接离岸服务外包的能力。选取制造业占 GDP 比重表示制造业发展水平。

上述变量均来自世界银行数据库。[②]这也在一定程度上保证了统计口径的一致性。

初步模型设定：

$$\ln OS_{it} = \alpha_{it} + \beta_1 \ln GDPP_{it} + \beta_2 EDU_{it} + \beta_3 E_{it} + \beta_4 IUP_{it}$$
$$+ \beta_5 SVAP_{it} + \beta_6 MVAP_{it} + u_{it} \qquad (4.22)$$

或

$$\ln OS_{it} = \alpha_{it} + \beta_1 \ln GDPP_{it} + \beta_2 EDU_{it} + \beta_3 E_{it} + \beta_4 IU_{it}$$
$$+ \beta_5 SVAP_{it} + \beta_6 MVAP_{it} + u_{it} \qquad (4.23)$$

其中下标 i 表示国家，t 表示时间。由于 EDU、IU 和 IUP 变量未能通过模

---

① 一国实际汇率计算 $RXR_i = \dfrac{(1 + INF_{USA})}{XR(1 + INF_i)}$，其中 INF_{USA} 代表美国消费者价格计算的通货膨胀率，INF_i 代表该国消费者价格计算的通货膨胀率，XR 代表官方公布的该国货币兑美元汇率即名义汇率。E 为实际汇率的增长率(可能为负)。

② 印度 2008 年的高等教育入学率缺失，为保证面板的平衡性，采用 2007 年和 2009 年数据的平均值作为其估计值。

型的统计检验,并且去掉后模型拟合效果变好,最终选择回归模型形式为:

$$\ln OS_{it} = \alpha_{it} + \beta_1 \ln GDPP_{it} + \beta_2 E_{it} + \beta_3 SVAP_{it} + \beta_4 MVAP_{it} + u_{it} \quad (4.24)$$

3. 模型的估计和修正

面板模型①有混合效应模型、固定效应模型和随机效应模型。我们分别对这三种模型进行回归。回归结果见图 4.24—4.26:

Source	SS	df	MS		
Model	188.670559	4	47.1676398		
Residual	785.459026	295	2.66257297		
Total	974.129585	299	3.25795848		

Number of obs = 300
F(4, 295) = 17.72
Prob > F = 0.0000
R-squared = 0.1937
Adj R-squared = 0.1827
Root MSE = 1.6317

lnos	Coef.	Std. Err.	t	P>|t|	[95% Conf. Interval]
lngdpp	.5704193	.1134679	5.03	0.000	.3471103 .7937284
e	-.0013397	.0017593	-0.76	0.447	-.0048021 .0021227
svap	.0361901	.0179185	2.02	0.044	.0009259 .0714543
mvap	.0655006	.0203944	3.21	0.001	.0253636 .1056377
_cons	13.77572	1.22846	11.21	0.000	11.35807 16.19338

图 4.24 混合效应模型

. xtreg lnos lngdpp e svap mvap,fe

Fixed-effects (within) regression
Group variable: country

Number of obs = 300
Number of groups = 30

R-sq: within = 0.8117
       between = 0.1460
       overall = 0.1745

Obs per group: min = 10
                avg = 10.0
                max = 10

corr(u_i, Xb) = -0.5163

F(4,266) = 286.68
Prob > F = 0.0000

lnos	Coef.	Std. Err.	t	P>|t|	[95% Conf. Interval]
lngdpp	1.288414	.0459026	28.07	0.000	1.198036 1.378793
e	-.0001904	.0002592	-0.73	0.463	-.0007008 .0003199
svap	.052746	.0105599	4.99	0.000	.0319543 .0735377
mvap	.0369312	.0140805	2.62	0.009	.0092078 .0646545
_cons	6.343426	1.067777	5.94	0.000	4.241057 8.445796

sigma_u	1.9280891				
sigma_e	.22484959				
rho	.98658275	(fraction of variance due to u_i)			

F test that all u_i=0:   F(29, 266) =   526.55   Prob > F = 0.0000

图 4.25 固定效应模型

---

① 一般长面板模型(样本容量 N 小,时间维度 T 大)要做单位根检验和协整检验以避免伪回归的发生,而我们的面板数据是短面板,时间维度仅为 2000—2009 年的 10 年,长度不够做多变量的协整检验。而且由于时间短、截面大,变量共同的时间趋势对于模型的估计结果影响并不大,因此省略了单位根检验和协整检验。

```
Random-effects GLS regression              Number of obs      =         300
Group variable: country                    Number of groups   =          30

R-sq:  within  = 0.8116                     Obs per group: min =          10
       between = 0.1452                                    avg =        10.0
       overall = 0.1740                                    max =          10

Random effects u_i ~ Gaussian              Wald chi2(4)       =     1110.80
corr(u_i, X)      = 0 (assumed)            Prob > chi2        =      0.0000
```

lnos	Coef.	Std. Err.	z	P>|z|	[95% Conf. Interval]	
lngdpp	1.271922	.0458571	27.74	0.000	1.182044	1.361801
e	-.0001901	.0002625	-0.72	0.469	-.0007047	.0003245
svap	.0477875	.0104188	4.59	0.000	.0273669	.068208
mvap	.0334955	.0138952	2.41	0.016	.0062614	.0607295
_cons	6.889414	1.092618	6.31	0.000	4.747923	9.030906
sigma_u	1.6945249					
sigma_e	.22484959					
rho	.98269753	(fraction of variance due to u_i)				

图 4.26　随机效应模型

图 4.25 给出了对比混合效应模型和固定效应模型的 F 统计结果，Prob $> F =$ 0 证明固定效应模型明显优于混合效应模型。而 Breusch 和 Pagan LM 检验也证明了随机效应模型优于混合效应模型（Prob $> F = 0$，见图 4.27）。

```
Breusch and Pagan Lagrangian multiplier test for random effects

       lnos[country,t] = Xb + u[country] + e[country,t]

       Estimated results:
                         |      Var      sd = sqrt(Var)
                 lnos    |   3.257958        1.804982
                 e       |    .0505573        .2248496
                 u       |   2.871415        1.694525

       Test:   Var(u) = 0
                             chi2(1) =    1204.95
                             Prob > chi2 =     0.0000
```

图 4.27　Breusch 和 Pagan LM 检验

利用 Hausman 检验从固定效应模型和随机效应模型中进行选择，可以看出检验结果表明固定效应模型优于随机效应模型（Prob $>$ chi2 $= 0.019\ 5$，见图 4.28）。最终我们选择固定效应模型。

	—— Coefficients ——			
	(b) fe	(B) re	(b-B) Difference	sqrt(diag(V_b-V_B)) S.E.
lngdpp	1.288414	1.271922	.0164919	.0078491
e	-.0001904	-.0001901	-3.02e-07	9.52e-06
svap	.052746	.0477875	.0049586	.0024494
mvap	.0369312	.0334955	.0034357	.0032538

```
          b = consistent under Ho and Ha; obtained from xtreg
          B = inconsistent under Ha, efficient under Ho; obtained from xtreg

Test:  Ho:  difference in coefficients not systematic

          chi2(4) = (b-B)'[(V_b-V_B)^(-1)](b-B)
                  =        11.72
          Prob>chi2 =      0.0195
```

图 4.28　Hausman 检验

对模型进行异方差、组内自相关和组间截面相关检验,结果见图 4.29—4.31:

```
Modified Wald test for groupwise heteroskedasticity
in cross-sectional time-series FGLS regression model

HO: sigma(i)^2 = sigma^2 for all i

chi2 (30)  =      1.0e+05
Prob>chi2 =        0.0000
```

图 4.29　异方差检验

```
Wooldridge test for autocorrelation in panel data
HO: no first-order autocorrelation
      F(  1,     29) =      81.706
              Prob > F =       0.0000
```

图 4.30　组内自相关检验

```
. xtcsd,pes

Pesaran's test of cross sectional independence =     13.394, Pr = 0.0000

. xtcsd,fri

Friedman's test of cross sectional independence =    58.495, Pr = 0.0009
```

图 4.31　组间截面相关检验

可以看出,面板数据存在异方差(Prob > chi2 = 0)、组内自相关(Prob > F = 0)和组间截面相关(Pesaran 检验和 Friedman 检验的 Pr 均小于 0.05)。因此我们采用固定效应的 Driscoll-Krayy 标准差回归(XTSCC)来对模型进行修正[①],这种

---

① FGLS 也可以有效的解决模型的异方差和自相关等问题,回归结果具有一定的说服力。但是 FGLS 更加适合长面板模型,由于我们的模型时间维度 T 较小,样本容量 N 较大,所以最终还是采用了 XTCSS 回归的结果。

标准差即使在异方差、组内自相关和组间截面相关都存在的情况下仍然是稳健的。结果见图 4.32：

```
Regression with Driscoll-Kraay standard errors    Number of obs     =        300
Method: Fixed-effects regression                  Number of groups  =         30
Group variable (i): country                       F(  4,     9)     =    4967.24
maximum lag: 1                                     Prob > F          =     0.0000
                                                   within R-squared  =     0.8117
```

lnos	Coef.	Drisc/Kraay Std. Err.	t	P>|t|	[95% Conf. Interval]	
lngdpp	1.288414	.03179	40.53	0.000	1.2165	1.360328
e	-.0001904	.0000721	-2.64	0.027	-.0003536	-.0000272
svap	.052746	.0084983	6.21	0.000	.0335216	.0719704
mvap	.0369312	.0056757	6.51	0.000	.0240919	.0497705
_cons	6.343426	.4538828	13.98	0.000	5.316672	7.370181

图 4.32　固定效应的 XTSCC 回归结果

可以看出模型的拟合效果非常好，组内 R^2 高达 0.811 7，F 统计量为 4 967.24 通过检验，各变量的 t 统计量也均通过检验。

4. 实证结果分析

从实证结果可以看出人均 GDP、服务业发展水平、制造业发展水平和实际汇率变动是影响服务外包的承接额的主要因素。

人均 GDP 对于服务外包承接额的弹性为 1.288 4，在所有影响因素中值最大。可以看出，离岸服务外包发包国最看重的是接包国的人均实际产出能力。尽管更高的人均 GDP 往往意味着更高的工资，也就是更高的人均成本，但是它也意味着更高的人均产出和可能更低的效率工资。高效地完成服务外包任务将是增加离岸服务外包承接额的重要途径。这也对我国进一步加强人才培养、建设配套设施、完善相关法律法规和提高政府工作效率提出了要求。

服务业发展水平的系数为 0.052 7，仅次于人均 GDP。提升服务业发展水平，加速产业升级无疑将提升我国承接服务外包的能力，而服务外包的发展亦将带动服务业整体水平的前进。

制造业发展水平的系数为 0.036 9。提升制造业的发展水平不仅能够扩大在岸服务外包市场，也能间接地提升我国企业承接离岸服务外包的能力。

实际汇率变动为官方公布汇率变动和通货膨胀率的差，其系数为 -0.000 2，对离岸服务外包的承接额有反向作用。实际汇率的升高会提升服务外包交易的成本,保持汇率的稳定有助于离岸服务外包的健康发展。

除上述主要影响因素外,其他影响因素虽然没有在95%的水平下通过检验,且对服务外包的影响系数较小,未能纳入模型,但也不能简单忽视。例如,劳动力素质的提升无疑是有利于承接服务外包的,只是这些水平的提高很难用简单的几种统计数据来准确量化(可能高等教育入学率未能较好的表现出劳动力素质的变动,或表现得尚不明显,而影响因素中较为明显的人均 GDP 也是对劳动力素质的一种体现);网络建设等配套设施的建设将有助于降低承接服务外包的成本从而提升完成外包任务的效率,而因特网使用人数或使用比例的提升将会加速网络配套设施的建设,降低服务外包的成本。

5. 结论与启示

由于在岸服务外包和离岸服务外包只是以服务外包是否跨越国界作为依据而划分的,在业务内容上,两者没有本质的区别。也就是说,在岸服务外包和离岸服务外包两者之间存在着业务重合的关系。目前在岸服务外包只占我国服务外包总量的三成左右,我国蕴藏着发展在岸服务外包的巨大潜力(见本书1.3.3)。而随着我国制造业优势所产生的在岸服务外包业务的不断拓展,其所具有的竞争力优势、比较优势、成本优势和市场优势会愈发显现,必然会带动相应离岸服务外包的发展。依托制造业优势,我国可以走出一条从在岸服务外包到离岸服务外包的发展路径。

为进一步验证制造业优势能否助推离岸服务外包的发展,我们采用2000年至2010年全球30个主要离岸服务外包国家的面板数据,对影响离岸服务外包的因素进行实证研究。研究发现,变量影响从大到小依次为:人均 GDP(系数 1.288 4)、服务业发展水平(系数 0.052 7)、制造业发展水平(系数 0.036 9)和实际汇率变动(系数−0.000 2)。实证结果对我国发展离岸服务外包有如下启示:

第一,制造业发展水平系数为 0.036 9。实证结果验证了制造业优势能有效助推离岸服务外包的发展。由于本地制造业的发展能直接产生在岸服务外包的需求,而在岸服务外包和离岸服务外包之间存在着业务重合,在岸服务外包的快速发展必然能带动离岸服务外包的跟进。当前,我国制造业正处于从传统制造业向先进制造业提升的关键阶段。而服务外包使制造企业将非核心生产环节外置化、独立化和专业化,使分工更加深化和细化。实践证明,制造企业实行服务外包,将信息服务、物流服务、人事培训和商务流程等外包给专业性更强的企业外第三方,可以极大地提高企业的运作效率,使制造企业全力以赴培育自己的核心竞争力,实现生产效率和能力的成倍提升。现阶段,利用我国制造业优势,大力发展在岸服务外包,不仅能加快我国突破传统制造业发展的瓶颈、早日跻身世界先进制造业行列,更能有效助推我国离岸服务外包的发展。

第二,离岸服务外包最大的影响因素是人均 GDP,其系数高达 1.288 4。可见,离岸服务外包的发展首先是建立在较高的人均产出能力之上。离岸服务外包发包国最为看重的是接包国的人均产出能力,高效地完成服务外包任务是增加离岸服务外包承接额的首要因素。为此,发展经济、提升人均 GDP 对我国发展离岸服务外包而言是最为重要的。

第三,服务业发展水平(系数 0.052 7)也是影响离岸服务外包的重要因素。离岸服务外包作为服务业的一部分,服务业发展水平自然与承接离岸服务外包的能力紧密相关。对于我国而言,加快经济发展方式转变和产业转型升级,增加服务业在总产出中的比重,不仅关系到经济的可持续发展,也直接关系到离岸服务外包的发展。

第四,由于实际汇率的变动对离岸服务外包的承接额有反向作用(系数 −0.000 2)。实际汇率的升高会提升离岸服务外包交易的成本。为此,保持汇率的稳定有助于离岸服务外包的平稳发展。

第 5 章
中国服务业国际化水平提升的税制改革

5.1 国际经验

目前全球 220 个国家和地区中,开征增值税或类似性质税种的国家和地区有 153 个,其中对货物和服务全面征收增值税的约 90 个。从世界范围看来,增值税已经是一种成熟的税种,其征收范围通常包括商品和服务,也被称为"货物和服务税",即国际上通行的 GST(goods and services tax)。也就是说,目前国际上很多国家已经实现了把增值税的实施范围扩大到商品经济的全部领域,从农业到服务业全部征收增值税,替代了过去的营业税。无论是农业、制造业、商业还是服务业,无论是货物供应品还是服务供应品,都统一征收增值税,形成了完整的增值税抵扣链条。表 5.1 列举了德国、法国、新加坡、西班牙和越南五国的增值税征收范围和征收税率。

表 5.1　增值税征收对象和范围的国际比较

国　　别	征　收　对　象	征　收　税　率
德　国	在德国境内出售货物或者提供劳务	增值税税率:基本税率 19%,低档税率 7%,适用于农产品、食品、书籍、药物、报纸、剧院、博物馆和音乐厅的服务等。零税率主要适用于出口货物和欧盟内部贸易。从 2007 年 1 月 1 日起,增值税标准税率从 16% 提高到 19%。医疗、金融、保险、不动产交易或者长期租赁活动免缴增值税

续表

国 别	征 收 对 象	征 收 税 率
法 国	在法国境内销售货物和提供劳务	增值税税率有 3 种:标准税率 19.6%;特殊服务和特殊销售,税率分别为 5.5% 和 2.1%;出口货物和对非居民提供的特殊劳务适用零税率
新加坡	新加坡对提供应税商品和劳务征收商品和劳务税,这种税类似于增值税,纳税人在计算应纳税款时可以扣除进项税额	纳税人提供商品和劳务及任何人进口商品,须缴纳商品和劳务税。税率为 7%
西班牙	在西班牙境内提供的货物和劳务;在欧盟内部的货物购置;从欧盟以外的国家进口货物到西班牙关税区	增值税税率分为 4 档:标准税率 16%,适用于一般的货物与劳务;税率 7%,适用于生活必需品(食品、不适用 4% 税率的农产品以及某些符合条件的劳务);最低税率 4%,适用于不征收 7% 税率的生活必需品(包括面包、牛奶、药品、书籍等);零税率,适用于出口和向其他欧盟成员国提供的货物与劳务
越 南	在越南境内生产、贸易和消费的货物和劳务增加值(价值)	增值税税率分别为 0%,5% 和 10%(标准税率),出口货物和劳务适用 0% 税率。2008 年修订后的该法规定 25 种经营活动不征收增值税,其中,未经加工的原矿出口列入免税项目。越南国家税务总局做出决定,提高茶叶增值税税率

资料来源:根据国家税务总局相关资料整理而得。

5.2 我国税改背景及文献回顾

5.2.1 我国税改背景

1994 年税制改革中,由于当时我国的经济发展水平、企业核算能力以及中央与地方政府税收分配格局的局限,对于货物的生产、批发、零售、进口以及加工、修配环节普遍征收增值税,对于建筑安装、交通运输、劳务、转让无形资产或者销售不动产,则按照营业额和规定的税率计算应纳税额,征收营业税。就行业而言,工业和商业企业征收增值税,营业税征税对象为服务业、不动产以及无形资产,两者不交叉。从而形成了我国增值税和营业税并行的流转税体系。

我国要加快服务业国际化水平的提升,必须要创新发展机制。服务业的发展受到各种不合理体制机制的制约,对服务业征收营业税就是制约服务业发展的一个重要因素。服务业和制造业税制不统一,服务业征收营业税存在重复课税,造成服务业流转税负偏高。此外,服务业人力资本和无形资产投入较多,固定资产投入相对少,征收营业税使得服务企业税收负担过重,不利于实现服务业的集约化和高端化。对服务业征收增值税将从税收制度上与国际接轨,减轻服务业沉重的税负,加快服务业国际化的进程。

经国务院批准,自 2012 年 1 月 1 日起,在上海市首先开展交通运输业和部分现代服务业营业税改征增值税试点工作。按照相关规定,从 2012 年 1 月 1 日起,在上海市交通运输业和部分现代服务业开展营业税改征增值税:在现行增值税17％和13％两档税率的基础上,新增设 11％和 6％两档低税率。交通运输业适用11％的税率,研发和技术服务、信息技术服务、文化创意服务、物流辅助服务和鉴证咨询服务等现代服务业适用 6％的税率,有形动产租赁服务适用税率为 17％。

营业税改征增值税,是我国继 2009 年全面实施增值税转型之后,货物劳务税收制度的又一次重大改革,也是一项重要的结构性减税措施。增值税改革试点助推上海现代服务业发展的意图很明显。通过税收杠杆从总体上降低现代服务企业的税负,激励企业扩大投资,进行技术革新,推进专业化细分和升级换代,加快产业结构调整和优化升级,促进服务业逐渐成为国民经济重要支柱行业。

我们利用最新的上海市 2007 年投入产出表测算上海纳入试点范围的所有现代服务业的税负变化和税收弹性变化,这些现代服务业包括研发和技术服务、信息技术服务、文化创意服务、物流辅助服务、鉴证咨询服务和有形动产租赁服务,试图为提升服务业国际化水平的税制改革提供实证支持。

5.2.2 文献回顾

就增值税而言,目前国内外的研究基本围绕着增值税征收范围、增值税改革对财政收入的影响和增值税改革对部分行业的影响等方面展开。

(1)增值税征收范围。爱伦·A.泰特(1993)认为对于难征收的货物及劳务在考虑征收成本的前提下应尽可能地纳入增值税征收范围;对于零售商和小业主,可以用适当的变通方式进行管理,只要行之有效就可以应用;斯蒂芬·R.刘易斯(1998)认为增值税实质上是一种具有一系列抵免以前每一加工和分配阶段所付税额规定的一般零售税。抵免制可以避免如周转税所带来的税额累计。

(2)增值税改革对财政收入影响。李长春(2006)认为"营改增"改革将对中央财政收入、省级地方财政收入以及市县级财政收入产生影响,他认为改革必须与财政管理体制改革相配套,重新划分中央与地方政府之间的财权与事权,并且要改进转移支付方法,进一步加大政府间的转移支付力度;胡怡建、李天翔(2011)利用投入产出表模拟估算了增值税扩围改革在不同税率下对财政收入的影响,认为服务业增值率、产品和服务的中间投入结构会影响财政收入的变动。

(3)增值税改革对交通运输业影响。张川(2001)认为交通运输业改征增值税的前提条件必须是实行消费型增值税,因为如果不实行消费型增值税,改征以后会导致企业税负的上升;姚雪绯(2010)对交通运输业纳入增值税征税范围的可行性与必要性进行了分析,指出因为货运相比客运,和生产制造企业关系更加密切,并且客运一般不涉及下一环节的税款抵扣,因此应该对货运采用低税率征税,对客运采用简易方法征税。

有关增值税改革试点对服务产业发展影响的实证研究较为少见。一方面由于增值税改革试点在我国刚起步,对它的研究还不多;另一方面是由于增值税改革试点涉及服务业诸多细分行业以及不容易定量等特征决定的。实证研究的不足制约了对增值税改革试点的深刻认识,从而影响了其自身的发展和对服务业国际化的推动。此外,目前还没有利用上海市的数据(上海市投入产出表)对上海现代服务业各细分行业的税负变化和税收弹性变化进行测算的相关文献。

5.3　增值税改革试点对上海现代服务业影响测算

我们通过增值税改革试点对上海现代服务业的税负变化和税收弹性变化来具体测算试点对相关产业的影响。

5.3.1 税负影响测算

1. 测算行业选取

本次纳入营业税改征增值税改革试点的部分现代服务业是指围绕制造业、文化产业、现代物流产业等提供技术性、知识性服务的业务活动,包括研发和技术服务、信息技术服务、文化创意服务、物流辅助服务、有形动产租赁服务和鉴证咨询服务。与投入产出表的行业相对应,我们选取以下 11 个行业作为考察的对象,分别是:装卸搬运和其他运输服务业、电信和其他信息运输服务业、计算机服务业、软件业、商务服务业、研究与试验发展业、专业技术服务业、科技交流和推广服务业、地质勘查业、文化艺术业、租赁业(见表 5.2)。

表 5.2 试点现代服务业与投入产出表相对应的行业

试点现代服务业	与投入产出表相对应的行业
研发和技术服务	研究与试验发展业、专业技术服务业、科技交流和推广服务业、地质勘查业
信息技术服务	电信和其他信息运输服务业、计算机服务业、软件业
文化创意服务	商务服务业和文化艺术产业
物流辅助服务	装卸搬运和其他运输服务业
鉴证咨询服务	商务服务业
有形动产租赁服务	租赁业

研发和技术服务,包括研发服务、技术转让服务、技术咨询服务、合同能源管理服务、工程勘察勘探服务,可与投入产出表中的研究与试验发展业、专业技术服务业、科技交流和推广服务业、地质勘查业 4 个行业对应。

信息技术服务,是指利用计算机、通信网络等技术对信息进行生产、收集、处理、加工、存储、运输、检索和利用,并提供信息服务的业务活动,包括软件服务、电路设计及测试服务、信息系统服务和业务流程管理服务。投入产出表中与之对应的行业包括电信和其他信息运输服务业、计算机服务业、软件业。

文化创意服务,包括设计服务、商标著作权转让服务、知识产权服务、广告服务和会议展览服务,主要对应投入产出表中的商务服务业和文化艺术产业。

物流辅助服务主要是指包括航空服务、港口码头服务、货运客运场站服务、打捞救助服务、货物运输代理服务、代理报关服务、仓储服务和装卸搬运服务。其对应投入产出表中的装卸搬运和其他运输服务业。

鉴证咨询服务,包括认证服务、鉴证服务和咨询服务,可以将其归入投入产出表中的商务服务业。

有形动产租赁服务,包括有形动产融资租赁和有形动产经营性租赁,其与投入产出表的租赁业对应。

2. 增值税估算方法

目前对增值税税基与收入的测算方法主要有三种:加总国民核算账户法、行业核算账户法和投入产出法。第一种方法运用国民经济的相关数据估算加总的增值税税基及收入,即以 GDP 为基础,通过调整进出口、资本形成、免税行业、层叠效应、政府支出、资本形成、免税行业、最终私人消费支出和小规模企业的销售和购买计算得到税基,进而估算增值税;第二种方法又称生产法,与第一种方法类似,是以各行业的产出为基础,进行类似的调整得到税基;第三种方法又称最终消费法,是以居民、政府和企业对最终产品和服务的消费为基础估算税基。我们采用第二种方法,即生产法来对试点现代服务行业的增值税进行测算。根据生产法,最初形式的税基公式为:

$$VAT_{tb} = GOV - II + IM - EX - CF \tag{5.1}$$

现代增值税普遍采用目的地原则对出口商品实行零税率,对进口商品课征增值税,以保证进口商品同国内商品增值税税负的中性,因此在增值税税基中加上进口部分。考虑到出口可以退税,我们假定出口是零税率的。

各行业总产出(GOV)、中间投入(II)、资本形成总额(CF)、进口(IM)及出口(EX)的相关数据可以通过投入产出表获得。

资本形成总额(CF)包括固定资产形成和存货增加(SA),我们采用消费型增值税计税方法,即固定资产可以作为进项抵扣。但我国目前税制只允许新增机械设备抵扣,所以投入产出表中的固定资产形成并不能全部抵扣。我们以行业固定资产折旧比例为标准,将统计年鉴中设备、工具、器具购置部分的新增固定资产分配到投入产出表中的行业,得到各行业新增机械设备总额(NM)。从而,税基公式调整为:

$$VAT_{tb} = GOV + IM - EX - II - SA - NM \qquad (5.2)$$

中间投入 II 包括中间产品投入和中间服务投入,可以认为中间产品的投入是来自农业和工业的投入,中间服务的投入是来自服务业的投入。我们考察的是试点现代服务业的税负变化,中间投入中并不涉及农产品的投入。因此又可以将中间投入分为两种投入:一种是征收增值税的中间投入,包括来自工业的中间投入及改征增值税的交通运输业和部分现代服务业;另一种是征收营业税的中间投入,包括建筑业、未纳入试点范围的其他服务业。由于征收营业税的中间投入无法作为进项抵扣,因此计算改革后部分服务业的增值税额时不应包括这些行业。我国现行税制对批发零售业征收的是增值税,有别于其他增收营业税的服务业,计算增值税时可将其作为进项抵扣。税基公式最终表示为:

$$VAT_{tb} = GOV + IM - EX - II_{vat} - SA - NM \qquad (5.3)$$

$$增值税 = 销项税额 - 进项税额$$

$$销项税税基(含税) = 总产出 + 进口 - 出口 - 存货增加$$

$$服务业应税销售额 = (总产出 + 进口 - 出口 - 存货增加)/(1 + 营业税税率)$$

对试点改革前的部分服务业行业征收的营业税税率为 5%,此次改革对部分现代服务业征收的增值税税率为 6%,服务业销项税额如下:

$$销项税额 = [(总产出 + 进口 - 出口 - 存货增加)/(1 + 5\%)] \times 6\%$$

$$进项税税基(含税) = 中间投入 + 新增机械设备$$

$$进项税额 = 来自新增机械设备的进项税额 + 来自中间投入的进项税额$$

新增机械设备增值税税率 17%,来自新增机械设备的进项税额可表示为:

$$来自新增机械设备的进项税额 = [新增机械设备 /(1 + 17\%)] \times 17\%$$

来自中间投入部分的进项税额需要进行分类计算,具体方法见表5.3。

表 5.3　中间投入的分类计算

中间投入来源	税　　率	进项税额
工业(不包括水、电、气行业)	增值税率 17%	［中间投入 /(1＋17%)]×17%
水、电、气行业	增值税率 13%	［中间投入 /(1＋13%)]×13%
交通运输业	增值税率 11%	［中间投入 /(1＋3%)]×(11%−7%)
批发零售业	增值税率 17%	［中间投入 /(1＋17%)]×17%
试点范围的服务业	增值税率 6%	［中间投入 /(1＋5%)]×6%
有形动产租赁服务业	增值税率 17%	［中间投入 /(1＋5%)]×17%

此次改革对部分现代服务业征收的增值税税率为 6%,交通运输行业增值税税率为 11%,原来征收的营业税税率为 3%。交通运输业是可以进行抵扣的,抵扣率为 7%,在计算进项税额是应扣除原有的抵扣部分。电力、热力、燃气和水的生产和供应业征收的增值税税率为 13%。我国的批发零售业不同于其他服务业,征收的是增值税,税率为 17%。

需要说明的是,对于试点行业增值税的计税方法,包括一般计税方法和简易计税方法。我们采用的是一般计税方法,即按增值税率 6% 计算。采用简易计税方法,按照 3% 的征收率进行征收,可以认为是将改革前的营业税率从 5% 调至 3%,这种计税方法并不能反映现代服务业各部门的税负变动。

3. 税负变动

前文分析了部分现代服务业改征增值税后税收收入的测算方法,改革后的行业税负就可以得出:

行业税负 ＝行业税收 / 行业产出

行业产出来自投入产出表中的行业总产出

改革前的行业税负 ＝改革前的行业税收 / 行业产出

改革前的行业税收 ＝［行业产出 /(1＋营业税率)]×营业税率

改革前的行业税负 ＝营业税率 /(1＋营业税率)

根据上述公式,可知服务业各行业的营业税税负约为 4.76%。

改革后的行业税负 ＝改革后的行业税收 / 行业产出

行业税负变动 ＝改革后的行业税负 −改革前的行业税负

4. 测算结果

现行《增值税暂行条例》规定：一般纳税企业当月进项税额大于销项税额的余额为企业留抵税额，应在下月继续抵扣，如果下月仍出现留抵税额，应继续结转下期抵扣，直到抵扣完为止。一般纳税企业在某个纳税期限出现期末留抵税额时，则该企业在这个纳税期限应交增值税为零，同样的增值税负担率也为零。根据《2007年上海市投入产出表》及《2008年上海市统计年鉴》相关数据①，测算的部分现代服务业税收变动情况和税负变动情况见表5.4和表5.5。

表 5.4 试点现代服务业的税收变动情况（万元）

行 业	改革后增值税税收	改革前营业税收	税收变动
装卸搬运和其他运输服务业	18 173	126 810	−108 637
电信和其他信息传输服务业	122 430	242 605	−120 175
计算机服务业	27 969	80 476	−52 507
软件业	175 222	167 719	7 503
商务服务业	0	929 046	−929 046
研究与试验发展业	12 200	76 638	−64 438
专业技术服务业	0	201 267	−20 1267
科技交流和推广服务业	25 431	65 824	−40 393
地质勘查业	0	4 333	−4 333
文化艺术业	65 776	15 652	50 124
租赁业	516 518	28 348	488 170
总计	447 201	1 910 370	−1 463 168

注：根据《2007年上海市投入产出表》和《2008年上海市统计年鉴》相关数据测算而得。

将增值税税额为负的行业调整为零税负，得到表5.5，其反映了部分现代服务业细分行业营业税改征增值税后的税负变动以及变动率，改革前这些行业的税负约为4.76%。

---

① 由于采用《2007年上海市投入产出表》，为与其数据相匹配，故采用《2008年上海市统计年鉴》。

表 5.5　试点现代服务业的税负变动情况（％）

行　　业	增值税税负	税负变动
装卸搬运和其他运输服务业	0.68	−4.08
电信和其他信息传输服务业	2.40	−2.36
计算机服务业	1.65	−3.11
软件业	4.97	0.21
商务服务业	0	−4.76
研究与试验发展业	0.76	−4.00
专业技术服务业	0	−4.76
科技交流和推广服务业	1.84	−2.92
地质勘查业	0	−4.76
文化艺术业	20.01	15.25
租赁业	86.77	82.01

注：根据《2007 年上海市投入产出表》和《2008 年上海市统计年鉴》相关数据测算而得。

根据表 5.4 和表 5.5，试点行业税负变化测算结果如下：

（1）依据《2007 年上海市投入产出表》测算，此次增值税改革将使当年上海市税收收入减少约 146 亿元。

（2）进行测算的 11 个行业中有 8 个行业的税负是减轻的，包括装卸搬运和其他运输服务业、电信和其他信息运输服务业、计算机服务业、商务服务业、研究与试验发展业、专业技术服务业、科技交流和推广服务业、地质勘查业。其中，商务服务业、专业技术服务业和地质勘查业为零税负行业；装卸搬运和其他运输服务业、研究与试验发展业税负低于 1％；计算机服务业、科技交流和推广服务业税负低于 2％，电信和其他信息传输服务业税负为 2.40％。

（3）进行测算的 11 个行业中有 3 个行业的税负是增加的，包括软件业、文化艺术业和租赁业。其中，软件业的增值税税负为 4.97％，文化艺术业的增值税税负高达 20.01％，租赁业增值税税负高达 86.77％，都高于原来征收营业税时的税负。

5.3.2　税收弹性测算

税收弹性是税收收入增长率与经济增长率之比。税收弹性的大小反映的是一国税收体系或税收制度保证政府集中新增国内生产总值的程度，也是对税制科学合理性和税收征管技术严密性的一种客观度量。通常而言,税收弹性上升表明税收收入增长快于经济增长,税收弹性下降表明税收收入增长慢于经济增长。现实经济中,税收弹性下降也意味着税收收入受到经济波动的冲击减小,税收收入将追随经济增长稳步增长。

按照税收弹性的定义,有:

$$税收弹性 = \frac{税收收入增长率}{国内生产总值增长率} \qquad (5.4)$$

我们考察增值税改革引起的试点行业的税收弹性变化,反映试点行业税收变动与行业发展的关系,进而分析试点给相关产业带来的潜在影响。设 ET 为行业的税收弹性,ΔT 为税收变动,ΔY 为行业增加值。公式如下:

$$ET = \frac{\Delta T/T}{\Delta Y/Y} \qquad (5.5)$$

假设征收增值税后的税收弹性为 ET_A,行业增加值的增长率 G,即 $\Delta Y/Y$ 为 G,当期增值税收入为 T_2',上期营业税收入为 T_1。

$$ET_A = \frac{(T_2' - T_1)/T_1}{G} \qquad (5.6)$$

前文计算已知,营业税税负约为 4.76%,则该税负乘以行业总产出可得到改革前的营业税税额。为了计算上一期的营业税额,利用增加值增长率估算上期总产出,假设各行业的增加值率或中间投入率是固定的,根据《上海市 2007 年投入产出表》可计算得到各行业的增加值率或中间投入率,则有:

上期总产出＝上期增加值／增加值率

＝［当期增加值／(1＋增加值增长率)］／增加值率

从而可以估算上期营业税收入:

$$T_1 = 4.76\% \times 上期总产出 \qquad (5.7)$$

G 是各行业的增长率,采用 2008 年各行业的增加值增长率。由于统计年鉴与投入产出表的行业分类不对称,故做如下处理:

(1) 装卸搬运和其他运输服务业的增长率采用物流业的增长率;

（2）电信和其他信息运输服务业、计算机服务业及软件业的增长率统一采用信息服务业的增长率；

（3）商务服务业的增长率采用年鉴中租赁和商务服务业的增长率；

（4）研究与试验发展业、专业技术服务业、科技交流和推广服务业和地质勘查业采用年鉴中科学研究、技术服务和地质勘查业的增长率；

（5）文化艺术业采用文化服务业的增长率；

（6）租赁业采用租赁和商务服务业的增长率。

具体测试结果见表 5.6。

表 5.6　试点现代服务业的增值税税收弹性（％）

行　　业	增加值增长率	增值税税收弹性
装卸搬运和其他运输服务业	16.10	−5.18
电信和其他信息传输服务业	17.90	−2.26
计算机服务业	17.90	−3.30
软件业	17.90	1.30
商务服务业	28.50	−3.51
研究与试验发展业	14.20	−5.76
专业技术服务业	14.20	−7.04
科技交流和推广服务业	14.20	−3.93
地质勘查业	14.20	−7.04
文化艺术业	14.20	26.77
租赁业	28.50	78.68

注：增长率数据根据《上海市 2008 年统计年鉴》和《2008 上海服务业发展报告》整理而得，增长率按可比价格计算。

根据测算结果发现，增值税改革试点使大部分试点行业的税收弹性发生了符号的变化。除软件业、文化艺术业和租赁业的税收弹性为正，其余试点行业的税收弹性都为负。税收弹性一般而言是一个正数，在重大税制改革的背景下，出现这种情况是可能的，某一税种的税收收入急剧减少，税收弹性会因此产生大幅的变动。据前文测算，增值税改革并没有使软件业、文化艺术业和租赁业得到减负，其税收弹性可能会因为此次改革而提高。其他试点行业在改革当年的税收都是大幅减少的，估算而得的税收弹性为负值。

税收弹性下降意味着，GDP 的波动对税收收入的冲击作用减少，这正体现了增值税的优越性,因为增值税是对商品或劳务的增值部分征税。另一方面,税收弹性的减少也意味着随着 GDP 的稳步提升,税收收入也将稳定增长。

5.4   增值税改革对试点行业的效应评估

本次纳入营业税改征增值税改革试点的部分现代服务业是指围绕制造业、现代物流产业等提供技术性、知识性服务的业务活动。选择这些与制造业关系密切的行业进行试点,可以减少产业分工细化存在的重复征税因素,既有利于现代服务业本身的发展,也有利于制造业产业升级和技术进步。营业税改征增值税,不仅会给绝大多数企业带来了减税的实惠,也将对经济运行格局产生深刻影响,其短期效应和长期效应主要如下:

5.4.1   短期效应

(1)对部分现代服务业营业税改征增值税后将从总体上减轻上海试点行业的税负。纳入试点范围的现代服务业可以对购进的固定资产进行进项抵扣,避免了重复征税,企业的负担减轻,发展趋于合理化,从而推进现代服务业的专业化分工。

(2)测算的 11 个现代服务业行业中软件业、文化艺术业和租赁业税负是增加的。其中,软件业改革后税负虽然是增加的,但是税负变动率并不大。文化艺术业之所以在改革后税负如此之高是因为其进口产品和服务价值巨大,由于对进口产品及服务课征增值税,征收增值税将给文化艺术产业带来极大的税收负担,导致其税负远远高于原来征收营业税时的税负。如果不考虑文化艺术业的进口,则该行业也是零增值税税负行业。对于租赁业而言,如果不考虑租赁业的进口,增值税税负约为 10%,仍偏高。

(3)增值税改革的即时效应会急剧降低税收弹性。试点行业中地质勘查业、专业技术服务业、研究与试验发展业的税收弹性会有相对较大的降低。但税收弹性系数会随着试点改革的深入和税源的稳定增长而逐渐回归到合理的水平。

5.4.2　长期效应

（1）经济调控效应。增值税改革将推动服务业加快发展,有利于服务业国际化水平的提升。此外,增值税改革也有利于增加就业,提高劳动收入占 GDP 的比重,使国民收入分配格局更加合理,进一步促进国民经济协调健康发展。

（2）产业分工效应。制造业与服务业之间的联系更加紧密,有利于打通制造业与服务业的税收链,促进专业化分工和服务外包。部分制造业企业内部本身就有研发、设计、技术、信息、鉴证、咨询类服务机构,增值税试点有利于这部分机构与制造业主体剥离,进行专业分工或服务外包。

（3）税收抵扣效应。试点企业多为小规模纳税人,其所从事的产业有各类研发、设计、广告、咨询、策划、文化传播等,在增值税试点后可与相关单位作进项税抵扣,降低税负。由此带来抵扣效应。

（4）税率洼地效应。试点改革涉及生产、经营的各个链条,在上海市首先进行试点①,由此产生的洼地效应造成相关的价值链转移到试点地区,促进现代服务业进一步繁荣发展。

（5）产业升级效应。改革后试点行业税负的减轻一方面使得企业可以扩大投资,把企业做大做强;另一方面其他企业更愿意购买这些行业的服务,以服务外包替代自给服务。服务分工更加细化和深化,对于现代服务业的集约化、高端化发展至关重要,从而进一步加快产业结构转型升级和经济发展方式转变。

（6）通货膨胀效应。增值税作为间接税,是价外税,税负容易转嫁于货物或劳务的价格之中。税负转嫁的程度取决于货物供求弹性的对比关系。在供给弹性既定条件下,对商品和劳务需求弹性愈小,税负转嫁越容易。因为需求弹性小表明这些商品和劳务的可替代性较小,消费者选择余地较小。从经济总体运行看,由于增值税最终要成为商品价格的组成部分,随着增值税"扩围",不可避免地给物价稳定

---

① 国务院决定,自 2012 年 8 月 1 日起,将交通运输业和部分现代服务业营业税改征增值税试点范围,由上海分批扩大至北京、天津、江苏、浙江、安徽、福建、湖北、广东、厦门、深圳 10 地。增值税试点地区范围进一步扩大,但是税率洼地效应仍然存在。

造成影响。

（7）税负转嫁效应。测算的 11 个现代服务业行业中，除商务服务业、专业技术服务业和地质勘查业 3 个零税负行业，其余 8 个行业即装卸搬运和其他运输服务业、电信和其他信息运输服务业、计算机服务业、研究与试验发展业、科技交流和推广服务业、软件业、文化艺术业、租赁业都是正的税负。这些行业必然将税负转移到他们的上下游行业，从而产生税负在行业间的转移效应。

5.5 结论与启示

服务业从营业税改征增值税，减轻了服务业负担，从税收制度上与国际接轨，将加快我国服务业国际化的进程。我们以上海增值税改革试点为背景，对上海增值税改革试点进行了实证研究。增值税改革试点从总体上减轻了上海现代服务业的税负。为具体测算现代服务业的税负变动，我们基于 2007 年上海投入产出表，采用一般计税法，测算了所有试点现代服务业，包括研发和技术服务、信息技术服务、文化创意服务、物流辅助服务、鉴证咨询服务和有形动产租赁服务。与试点行业相对应，我们选取了 11 个相关行业作为考察的对象，这些行业包括装卸搬运和其他运输服务业、电信和其他信息运输服务业、计算机服务业、软件业、商务服务业、研究与试验发展业、专业技术服务业、科技交流和推广服务业、地质勘查业、文化艺术业、租赁业。研究发现，增值税改革将使上海试点当年税收收入减少约 146亿元。11 个测算的现代服务业行业中有 3 个行业的增值税税额为负，分别为商务服务业、专业技术服务业和地质勘查业。其余 8 个行业税负从大到小依次为：租赁业为 86.77%，文化艺术产业为 20.01%，软件业为 4.97%，电信和其他信息传输服务业为 2.40%，科技交流和推广服务业为 1.84%，计算机服务业为 1.65%，研究与试验发展业为 0.76%，装卸搬运和其他运输服务业为 0.68%。

此外，增值税改革试点使得税收弹性产生大幅的变动，改革的即时效应会急剧降低税收弹性，测算行业中除软件业、文化艺术业和租赁业的税收弹性为正，其余试点行业的税收弹性都为负。税收弹性下降意味着，GDP 的波动对税收收入的冲

击作用减少。长远来看,随着 GDP 的稳步提升,税收收入也将稳定增长。通过我们的研究有如下启示:

(1) 进行测算的行业中软件业、文化艺术业和租赁业 3 个行业的税负是增加的。软件业的税负(4.97%)略高于改革前的税负(4.76%)。目前软件业由于受政策保护,其增值税税负可以控制在 3%。政策保护期外想要通过税收杠杆增强软件行业的实力,可以考虑稍微降低其增值税税率①;文化艺术产业由于增值税税基中的进口占比较大导致其税负较高(20.01%)。如果不考虑进口,文化艺术产业也是零税负行业,故建议在该行业的进口方面可以做些灵活性的政策变动,以抵减进口增值税额给该行业带来的沉重税负;租赁业采用 17% 的税率,根据测算结果,大幅提高了该行业税负,可考虑降低税率。

(2) 加快扩大进项税额抵扣范围。通过我们的测算可知,可以作为进项抵扣的中间投入价值越大,缴纳的增值税就越少。当进项抵扣大于销项税额时,就出现当期零税负。出现零税负与行业自身的特点密切相关,尤其是中间投入的构成。目前,许多中间投入项目还未被纳入增值税进项抵扣范围。例如,一些服务企业的燃油费、修理费、人工、交通、房租、物业管理、邮电通信等,应尽快将这些目前不能抵扣的中间投入项目纳入抵扣范围。此外,适时将不动产类固定资产和无形资产纳入抵扣。

(3) 稳步扩大增值税试点行业范围。目前在上海已经试行了将营业税中的交通运输业和部分现代服务业纳入增值税的征收范围,下一步应当进一步扩大增值税试点行业范围,首先将与经济发展联系最直接和最紧密的行业,如建筑安装、仓储租赁、邮电通讯纳入增值税征税范围,在条件成熟时再将销售不动产和娱乐业纳入增值税征收范围,仅将比较难于管理的金融保险业和部分服务业暂时保留征收营业税。

(4) 全面推进税收网络建设,建设税收信息系统,推进征管方式现代化,使税收征管和监督有序进行。实现纳税人数据动态共享,早日实现税务信息化管理,提高征管工作的质量和效率。

---

① 我国对经过国家版权局注册登记,在销售时一并转让著作权、所有权的计算机软件只征收营业税,不征收增值税;其次,小规模纳税人在销售软件产品时只交纳营业税。除此以外销售的软件产品一律征收增值税。2010 年前按 17% 的法定税率征收增值税,对实际税负超过 3% 的部分即征即退,该政策在 2010 年后继续实行。因此,软件业的税负可以控制在 3%。

第6章
中国服务业国际化水平提升的效率评价

现阶段我国服务业国际化水平提升的效率集中体现在服务贸易的发展效率、服务业 FDI 的引进效率和离岸服务外包的接包效率之上。鉴于数据的可得性，我们以我国服务业 FDI 的引进效率为例，对我国服务业国际化水平提升进行效率评价。

2011 年 7 月 28 日联合国贸发会议（UNCTAD）发表的《2011 年世界投资报告》指出，受金融危机影响，全球服务业 FDI 放缓，FDI 流量减少最多的就是服务业。面对这一现实，服务业对国际资金的争夺会越来越激烈。

6.1 文献回顾

目前国内外关于引进服务业 FDI 与效率相关的研究，主要围绕着引进服务业 FDI 对企业效率和整体经济效率的影响展开。

(1) 引进服务业 FDI 对企业效率的影响。

Markusen(1989)认为，服务业 FDI 通过其管理、组织或先进技术会对下游企业产生溢出效应，这种溢出效应有助于东道国工业企业生产效率的提高；Raff (2007)指出，为了打破进入国外市场存在的信息壁垒，生产性服务提供者往往追随下游企业进入东道国，并为其提供服务，这从一个侧面解释了服务业 FDI 发生的原因和对企业生产效率的影响。

（2）引进服务业 FDI 对整体经济效率的影响。

Marrewijk（1997）认为当一个国家具备完善的市场制度时，服务业 FDI 将改善东道国的社会福利；查冬兰（2006）利用江苏省 1998—2003 年间服务业各行业 FDI 的统计数据，论证了服务业 FDI 与地区生产总值具有较强的正相关关系，指出服务业 FDI 能提高整个经济运作效率。

上述研究只是针对引进服务业 FDI 对企业效率和经济效率的影响而展开，而针对服务业 FDI 自身引进效率的研究较少，尤其缺少来自发展中国家的实证研究。基于此，研究我国引进服务业 FDI 效率对于我国吸引更多服务业 FDI，改善 FDI 结构，加快服务业国际化水平都有着重要意义。本章我们采用 DEA 分析方法对我国引进服务业 FDI 的效率进行评价与分析。

6.2　模型说明

DEA（data envelopment analysis，简称 DEA）方法，即数据包络分析法，是由著名运筹学家 A.Charnes 和 W.W.Cooper 等人以相对有效性的概念为基础而发展起来的新的效率评析方法，其基本思路是：将每一个被评价的单位或部门视为一个决策单位（decision making unit，简称 DMU），由决策单元构成评价群体，处于评价群体的每个 DMU 具有相同种类的资源消耗，并产生出同样种类的"产品"，即各 DMU 有相同的投入项指标和相同的产出项指标，再以 DMU 的各个投入产出指标的权重为评价变量进行运算，通过对投入和产出比率的综合分析，确定有效生产前沿面。所谓生产前沿面，实际上是指由观察到的决策单元的输入数据和输出数据的包络面的有效部分，这也是该种方法被称为数据包络分析的原因所在。根据各 DMU 是否落在有效生产前沿面上，可以确定各 DMU 是否 DEA 有效。DEA 有效的决策单元可以认为已经处于理想的状态，在其相应的投入规模上已经达到最大的产出量。同时给出非 DEA 有效的 DMU 与 DEA 有效的 DMU 之间的差距的数据，以此作为调整非有效的 DMU 向有效方向努力的方向和有关投入项或产出项调整的数量依据，为决策部门制定规划和计划提供依据。

DEA 还可视为一种新的统计方法。如果说原统计方法是从大量样本数据中分析样本集合整体的一般情况,那么 DEA 则是从大量样本数据中分析样本集合中处于相对最优的样本个体。可以说,传统统计方法的本质是平均性,而 DEA 的本质则是最优性。因此,利用 DEA 方法对各省引进服务业 FDI 的效率进行分析可以重点考察区域间的效率差异、最优决策单元的情况,还能以最优决策单元为参考对非 DEA 有效的决策单元提出相关的政策建议。

CCR 模型是第一个 DEA 模型,假设生产前沿函数是规模报酬不变的。该模型对决策单元的规模有效性和技术有效性同时进行评价。CCR 模型有效的决策单元技术效率和规模效率都是最优的,也就是说 DEA 有效的决策单元既是技术有效又是规模适当的。技术有效性就是决策单元在给定投入的条件下产出最大化。规模有效性就是当决策单元的投入增量相对百分比与对应的产出增量百分比相等时,决策单元处于最佳生产规模,即为规模有效,否则为规模无效。规模效率可以反映决策单元是否在最合适的规模状态下运行。

BBC 模型用于考察既定规模下 DMU 是否为纯技术有效,可以利用该模型得到纯技术效率值,纯技术效率与规模效率的乘积就是 CCR 模型得出的综合效率值。因此可以将 CCR 模型的效率值分解为纯技术效率和规模效率。

假设有 n 个决策单元,每个决策单元有 m 个类型的输入指标,以及 s 种类型的输出指标,CCR 模型即可表示为:

$$\min \theta$$

$$(CRS)s.t.\begin{cases} \sum_{j=1}^{n} X_j \lambda_j \leqslant \theta X_k \\ \sum_{j=1}^{n} Y_j \lambda_j \geqslant Y_k \\ \lambda_j \geqslant 0, \ j=1, \cdots, n \end{cases} \tag{6.1}$$

式(6.1)中 X_j 为第 j 个决策单元的 m 维投入向量,Y_j 为第 j 个决策单元的 s 维产出向量;X_k,Y_k 是被评价的第 k 个决策单元,θ 就是第 k 个决策单元的效率值,满足 $0 \leqslant \theta \leqslant 1$。当 $\theta = 1$ 时,表示该决策单元是生产前沿函数上的点,处于有效状态。在引进外资方面来说,θ 表示该省在各项软硬件和所处的发展环境等条件的优势得以充分发挥的条件下,该地区应该产生的理论业绩值是现有业绩值的倍数。效率值的含义就是实际业绩占理论业绩的比例。

上述模型是在规模收益不变(CRS)的前提下得出的模型,该模型得出的效率值就是 CCR 模型下的效率值。

但是规模收益不变的假设相当严格,一般条件下并不满足。因此可以将上述 CRS 模型修正为可变规模收益模型(VRS),即

$$\min \theta$$

$$(VRS)\ s.t. \begin{cases} \sum_{j=1}^{n} X_j \lambda_j \leqslant \theta X_k \\ \sum_{j=1}^{n} Y_j \lambda_j \geqslant Y_k \\ \sum_{j=1}^{n} \lambda_j = 1 \\ \lambda_j \geqslant 0, \ j = 1, \cdots, n \end{cases} \tag{6.2}$$

式(6.2)中可计算得到纯技术效率,即 BBC 模型的纯技术效率。

利用 CRS 和 VRS 模型可以分别计算出每个决策单元的效率和技术效率,再计算规模效率。我们对数据的处理采用 DEA 分析软件 DEAP2.1。该软件是 DOS 环境下运行的软件,但在 Windows 环境下运行很方便。

6.3　实证检验

6.3.1　变量选取与数据说明

1. 变量选取

联合国贸发会议(UNCTAD)在《2002 年世界投资报告》中首次提出引进 FDI 业绩指数和潜力指数两个指标,用以衡量和评价各国引进 FDI 的绩效和未来增长的潜力。联合国贸发会议所构造的引进 FDI 业绩指数,是指在一定时期内,某国 FDI 的流入量占全球 FDI 流入量的比重与其 GDP 总值占全球 GDP 总值比重的比值。评价东道国吸引跨国公司 FDI 的潜力指标有 8 个变量,分别是:人均 GDP、近

10 年实际 GDP 增长率、出口占 GDP 的比例、每千人拥有的电话数、人均商业能源消耗、R&D 支出占总国民收入的比例、高等教育的人数占总人口的比例和国家风险。

联合国贸发会议所采用的 FDI 业绩指数和潜力指数只是从某种角度反映了各国利用外资的业绩和潜力,但是如果构造类似的服务业 FDI 业绩指数和潜力指数会存在这样的问题,即不能全面客观地反映和评价我国服务业 FDI 引进效率,尤其是区域间效率的差异。科学评价一国国内特定地区引进 FDI 的业绩和潜力,对该地区政府部门调整引进 FDI 政策和优化投资环境具有重要的参考价值。因此我们采用非参数 DEA 方法考察我国各省服务业引进 FDI 效率,希望通过效率分析为政府部门提供有用的决策信息。

根据联合国贸发会议对吸引 FDI 潜力指标的分析,结合服务业发展的特点,我们采用投入指标有 5 个,分别是:

人均 GDP。人均 GDP 反映一个地区对商品和服务需求的规模与高级程度。一个具有较高 GDP 的地区,经济发展比较成熟,产业结构也比较高级,服务经济相对发达,服务业市场更需要深入开发和拓展,在服务业领域的资金的需求也会相对较大。

服务业增加值占 GDP 比重。某个地区服务业增加值占该地区 GDP 比重反映了该地区的服务业的市场规模和服务业的成熟度。服务业增加值占 GDP 比重较大的地区,服务经济发展较为成熟,外商可以以较低的成本获得专业化的熟练劳动力,在配套设施和市场开拓方面也可以利用原有的经验积累,还可以从同行业经营者获取有关市场运作和外资政策执行情况等专用信息。

每万人中互联网上网人数。我们用这一指标反映一个地区的信息化程度。信息化降低了信息不对称带来的交易成本,使服务企业的资源配置得到优化改善。信息技术的广泛应用提升了服务企业的地区和全球协调能力,使服务企业可以在更广阔的市场和更复杂的环境下开展经营。同时,互联网的普及程度也可以反映基础设施情况。对于服务业的发展来说,良好的基础设施网络可以减少交通运输和信息收集等方面的成本,降低区域间产品流动的成本,提高经济效率。

每万人中本科毕业人数。该变量可以衡量一个地区劳动力质量,高技术劳动力的质量与成本是目前全球和地区竞争性吸引 FDI 的核心优势。相比于制造业,服务业对人才质量的要求更高,尤其是金融、保险、咨询、计算机等行业。服务产品有高度个性化的特点,绝大多数服务行业需要与客户进行紧密联系、沟通才能完成对最终服务的提供。这就对服务提供者的沟通技巧、专业知识和业务水平有更高的要求。

货物进出口额占 GDP 比重。该指标旨在反映一个地区的开放程度。当前外资进入我国服务业还要接受外资准入资格、进入形式、股权比例和业务范围等较多限制,对外开放水平和力度有待进一步提高。另外,货物贸易的发展也会促进服务业的发展,与贸易相关的生产性服务行业为了给贸易提供便利,从而引起服务业 FDI 的流入。

产出指标为服务业 FDI,即实际利用 FDI 中流向服务业的数额。

2. 数据说明

我们采用 2009 年全国 31 个省(直辖市、自治区)(不包括港、澳、台)的数据,但西藏、海南和吉林统计年鉴并未统计服务业 FDI,故删除这 3 个省份(自治区)。另外,由于各省在外资统计方面口径不一致,如江西、宁夏、青海 3 省(自治区)的统计年鉴中并未按行业统计实际利用 FDI 金额,但有按行业统计合同 FDI 金额。对于这种情况,本书按实际 FDI 服务业所占比重乘以合同 FDI 金额,得到服务业实际利用 FDI 的数值。其他省份并未出现这种情况,其数据是 2009 年服务业实际利用 FDI 的数据。

6.3.2 实证结果分析

采用 DEA 模型分析服务业 FDI 引进的效率可以评价各省在现有的资源和条件下优势是否得到充分发挥。具体结果如下:

1. 总体效率分析

表 6.1 反映了 2009 年我国 28 个省(直辖市、自治区)引进服务业 FDI 效率的具体情况。

从表 6.1 中可以看到,辽宁、广东和重庆在引进服务业 FDI 方面既是技术有效又是规模有效的,这 3 个省市现有环境和资源的优势得到了充分发挥,实现了服务业引进 FDI 的最大化产出,并且处在适合的规模下运行。其他 25 个省市均为非有效。北京、天津、河北、山西、内蒙古、黑龙江、上海、江苏、浙江、福建、山东、湖北、湖南、陕西、宁夏和新疆这 16 省市(自治区)既没有达到技术有效,也没有达到规模有效。可见,总体而言我国服务业在引进 FDI 方面的效率是比较低的。

表 6.1 2009 年我国 28 省(市)服务业 FDI 引进效率

省　　市	技术效率	纯技术效率	规模效率	规模报酬
1. 北　　京	0.417	0.658	0.633	递减
2. 天　　津	0.530	0.619	0.856	递减
3. 河　　北	0.090	0.150	0.600	递增
4. 山　　西	0.082	0.090	0.912	递增
5. 内蒙古	0.309	0.440	0.703	递增
6. 辽　　宁	1.000	1.000	1.000	不变
7. 黑龙江	0.162	0.177	0.914	递增
8. 上　　海	0.663	0.964	0.687	递减
9. 江　　苏	0.928	0.975	0.952	递增
10. 浙　　江	0.495	0.518	0.956	递增
11. 安　　徽	0.330	1.000	0.330	递增
12. 福　　建	0.394	0.443	0.890	递增
13. 江　　西	0.248	1.000	0.248	递增
14. 山　　东	0.395	0.523	0.756	递增
15. 河　　南	0.828	1.000	0.828	递增
16. 湖　　北	0.406	0.428	0.948	递增
17. 湖　　南	0.279	0.337	0.827	递增
18. 广　　东	1.000	1.000	1.000	不变
19. 广　　西	0.199	1.000	0.199	递增
20. 重　　庆	1.000	1.000	1.000	不变
21. 四　　川	0.845	1.000	0.845	递增
22. 贵　　州	0.012	1.000	0.012	递增
23. 云　　南	0.166	1.000	0.166	递增
24. 陕　　西	0.373	0.400	0.934	递增
25. 甘　　肃	0.004	1.000	0.004	递增
26. 青　　海	0.147	1.000	0.147	递增
27. 宁　　夏	0.007	0.012	0.577	递增
28. 新　　疆	0.024	0.042	0.565	递增

资料来源:依据 2010 年各省统计年鉴及 2010 年中国商务年鉴计算而得。

从技术有效性看,28 个省市(自治区)中,16 个省市(自治区)是纯技术无效的,12 个省市(自治区)是纯技术有效的,这 12 个省市(自治区)包括辽宁、安徽、江西、河南、广东、广西、重庆、四川、贵州、云南、甘肃、青海,这些省市(自治区)的现有软件和硬件得到了充分利用,实现了产出最大。在纯技术有效的省市(自治区)中规模有效的省市只有 3 个,即辽宁、广东和重庆。因此,我们认为规模效率的低下导致了纯技术效率的损失。

从规模投入的阶段看,非有效的省市中,除了北京、天津、上海 3 市在引进服务业 FDI 方面呈现规模报酬递减,其他 22 个省市都呈现规模报酬递增,这反映了我国大多省市的招商引资工作仍大有可为,存在引资潜力。各省市要继续改善投资环境,优化资源配置,发展开放经济。

由表 6.2 可以看出,北京、天津和上海不论在经济基础、人力资本,还是政策环境方面都有领先的优势,但是这些优势并没有在引进服务业 FDI 中发挥最大的作用。从开放程度看,北京、上海、天津、江苏及山东经济的对外开放程度相对较高,而其他省市(自治区)与这些省市相比,开放程度还不够。在人力资本方面,河北、

表 6.2　纯技术无效和规模无效的 16 个省市各项投入指标的实际值与目标值的差额

省　市	人均GDP(元)	服务业比重(%)	每万人互联网人数(人)	每万人本科毕业生人数(人)	开放度
1. 北　京	35 213	36.8	2 591.92	34.77	3.77
2. 天　津	27 335	6.54	899.85	14.35	7.3
3. 河　北	2 820.56	0	133.38	0	0
4. 山　西	0	5.72	730.92	0	0
5. 内蒙古	23 013.15	2.14	433.56	0	0
6. 黑龙江	2 126.75	2.00	0	6.43	0
7. 上　海	43 750	20.63	2 402.80	8.31	19.88
8. 江　苏	11 979.61	0.13	0	0	7.12
9. 浙　江	10 408.01	0	752.69	0	0
10. 福　建	3 871.62	0	1 010.06	0	0
11. 山　东	8 613.30	0	0	0	1.79
12. 湖　北	1 274.61	2.02	0	6.64	0
13. 湖　南	0	9.75	0	1.93	0
14. 陕　西	0	2.07	63.16	10.10	0
15. 宁　夏	6 212.25	0	313.07	0	0
16. 新　疆	0	0	550.68	0	0.98

资料来源:依据 2010 年各省统计年鉴及 2010 年中国商务年鉴计算而得。

山西、内蒙古、江苏、浙江、福建、山东、宁夏及新疆并没有过多优势。江苏、浙江、福建和山东等省份经济规模比较大,产业结构相对较高,但是其人力资本的优势不明显很可能是制约其服务业 FDI 引进效率的原因。就信息化程度而言,大多省市都存在冗余。

2. 分级效率分析

在应用 DEA 进行有效性测度时,对于效率值为 1 的决策单元认为是有效的。而对于无效的决策单元并不能简单地从效率值的大小去评价它们的优劣性。因此,我们采用以下做法对各省市的服务业引进效率进行分级。首先,对所有省市(自治区)进行评价,结果已在表 6.1 显示,然后剔除技术有效的省市(自治区),将剩下的省市(自治区)再进行 DEA 效率测度……如此重复进行,直到剩下的省市(自治区)不足 12 个(DEA 方法一般要求决策单元大于投入产出指标个数的两倍,我们共有 6 个指标)。在第一次 DEA 测评时就达到技术有效和规模有效地省市称为第一级有效单元,第二次测评时效率值为 1 的省市为第二级有效单元,依次类推。我们共进行了 5 次 DEA 效率评价,结果如表 6.3 所示。

表 6.3　五级 DEA 评价有效省份

第一级有效省(市)	辽宁、广东、重庆
第二级有效省(市)	江苏、河南、四川
第三级有效省(市)	北京、上海、天津、湖北
第四级有效省(自治区)	黑龙江、安徽、福建、广西、浙江
第五级有效省(自治区)	内蒙古、陕西、山东

资料来源:依据 2010 年各省统计年鉴及 2010 年中国商务年鉴计算而得。

由表 6.3 可见,辽宁、重庆、广东在引进服务业 FDI 中是有效的,是第一级有效省市;江苏、河南、四川属于第二级有效省市;北京、上海、天津及湖北属于第三级有效省市,其中湖北的纯技术效率是比较低的。北京、上海、天津纯技术效率和规模效率差别不大,但是值得深思的是,这三市的经济实力都比较雄厚,信息化程度、人力资本方面也有优势,服务经济也较发达,但在引进 FDI 中表现并不优秀,这个问题应引起重视。此外,这三市都呈现规模报酬递减,北京、上海和天津引进外资较早,引资数量也多,但由于市场过度竞争,导致引进效率不高。依靠原有的相对优越的投资软环境并不能使这些省市引进更多的外资,引资目标必须从追求数量转向追求质量,才能进一步拓展发展空间,实现引资有效。

第四级有效省市(自治区)有黑龙江、安徽、福建、广西、浙江。浙江和福建是东部经济较为发达的省份,也是国家优惠政策的主要受益地区,其纯技术效率都偏低,可能在引进外资的体制方面存在问题,比如审批手续繁琐,导致运行效率不高。安徽和广西是纯技术有效的,说明政府在招商引资工作是有成效的,但这两个省(自治区)经济实力在第四级省市(自治区)中相对较弱,投资环境对外商资本吸引力还不明显。因此需要继续改善投资环境,可以优先发展当地特色产业,延长产业链,形成良好的产业配套设施,完善相关的配套产业群的发展。

第五级有效省市(自治区)包括内蒙古、陕西、山东。未在表 6.3 显示的省份是在 5 次 DEA 测评中还是无效的省份,这些省份包括河北、山西、江西、湖南、贵州、云南、甘肃、青海、宁夏及新疆,共 10 个。这些省市(自治区)由于地方经济基础比较薄弱,市场体系还未完全建立,投资环境还不十分优越。除了河北,其他都属中西部地区,考虑到中西部地区的发展需要,国家应继续将优惠政策向中西部地区倾斜,尤其是经济发展落后、基础设施落后的地区,更要加大财政投入和扶贫力度,提高当地居民收入,以增加 FDI 的短期需求。

3. 区域结构分析

图 6.1 和图 6.2 分别反映了第一级有效省市和第二级有效省市引进服务业 FDI 的结构组成。不难发现,第一级有效的三个省市的服务业 FDI 重点领域不尽相同:广东占比最多的前三个行业分别是批发与零售业(占比高达 59%),租赁和商业服务业和科学研究、技术服务和地质勘查业;辽宁占比最多的前三个行业分别是科学研究、技术服务和地质勘查业(占比 29%),租赁和商业服务业和信息传输、计算机服务和软件业;重庆占比最多的行业则是租赁和商业服务业(占比 34%),批发与零售业和房地产业。在第二级有效省市中,江苏和四川服务业 FDI 的重点领域是批发零售业,租赁和商业服务业及信息运输、计算机服务和软件业,河南省的服务业 FDI 则主要流向了租赁和商业服务业,批发与零售业及科学研究、技术服务和地质勘查业。

引进服务业 FDI 中,批发零售业,交通运输、仓储和邮政业,住宿餐饮业等传统服务业成为绝大多数省市 FDI 的主要流向领域。例如,广东省流向传统服务业的 FDI 项目个数占总服务业 FDI 项目的 65%,上海这个比重也达到 56%,北京和天津相对较少,约 30% 左右。从全国看,金融、教育、文化体育娱乐等行业的 FDI

占比非常低,这与我国在这些领域政策没有完全放开相关。

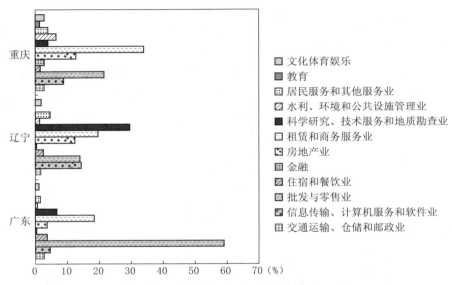

资料来源:根据 2009 年外商投资各个行业项目个数计算绘制而得。

图 6.1 第一级有效省市服务业 FDI 结构

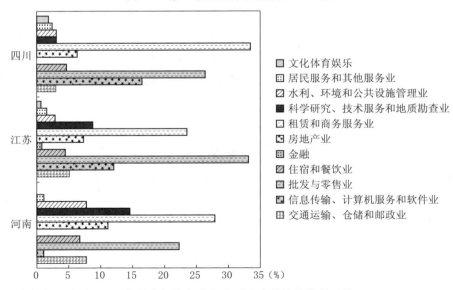

资料来源:根据 2009 年外商投资各个行业项目个数计算绘制而得。

图 6.2 第二级有效省市服务业 FDI 结构

　　此外,引进服务业 FDI 的结构与效率并没有呈现一定的相关性。也就是说,并不是高端和新兴服务业 FDI 占比多的省市(自治区)其引进外资的效率就高。例如处于第一级有效的广东省,传统服务业就构成了外资的绝大部分。各省市(自治区)应从服务业 FDI 的流向分析未来引进外资的重点努力方向,不仅要扩大 FDI 规模,提高总量,更要优化 FDI 的结构,重点引向国家鼓励项目和当地优势产业。此外,各省在招商引资过程中要有前瞻性,重视外商投资的可持续性。有条件和能力的地区要积极引进节能环保和低碳类项目,积极引进金融、咨询、软件、服务外包和研发中心等高端项目。

6.4　结论与启示

　　我国对服务业 FDI 的吸引能力还是比较强的,具备了一定的规模并保持着良好的发展势头。服务行业中房地产业实际利用 FDI 最多,但高端服务业和新兴服务业,例如金融业、计算机服务和软件业利用 FDI 的比重还很低,吸引 FDI 的能力有待提高,结构还需要继续优化。

　　采用非参数 DEA 方法对我国 28 省市(自治区)服务业 FDI 引进效率进行评价和分析后发现:就总体效率而言,我国各省市(自治区)在服务业领域引进 FDI 的业绩和效率极不平衡,大多省市(自治区)未能充分发挥本地区的优势吸引 FDI 流向服务业;就分级效率而言,进入五级 DEA 有效评价的省市(自治区)共有 18 个,北京、上海和天津处在第三级有效省市之列。部分经济发达地区引进效率也不高,经济较为落后地区引进效率则更低;就区域结构而言,引进服务业 FDI 的结构与效率并没有呈现一定的相关性,传统服务业仍是绝大多数省市(自治区)FDI 的主要流向领域。结合我们分析的结果,为提高我国引进服务业 FDI 效率,我们提出以下建议:

　　第一,对于辽宁、广东、重庆这样的一级有效省市,应继续发挥地区自身优势,保持引进服务业 FDI 效率。在拓展服务业 FDI 的同时,提高 FDI 利用效率,利用 FDI 谋求本地区服务经济的深化发展,提高本地区服务业的竞争力和国际化水平。

在扩大外资数量的同时,更要重视优化服务业 FDI 流向的结构,有规划地促使 FDI 向高端服务业、新兴服务业和对本地区经济发展有持续推动的行业流动。

第二,北京、上海、天津 3 个直辖市在引进服务业 FDI 中规模是递减的,其引进效率也不高。如还将重点放在扩大服务业 FDI 规模上,它们都难以有新的突破。技术创新的重要性在 FDI 区位选择中已经显现出来。三市可以将引资工作重点转向技术创新,加大研发投入,在增强本地企业竞争力的同时,形成创新型集聚,实现创新和引进 FDI 的良性循环。此外,政府还应发挥其服务功能,加强 FDI 流向的导向,培育一个公平、透明的市场环境,例如,与 FDI 相关的部门应该实行行政公开和服务承诺制,提高工作的透明度和效率,新政策颁布之前应有所预警,让企业及早准备,以最大程度减少可能的损失。总之,要继续发挥京沪津的引资优势,必须依靠创新打破引资无效的瓶颈。

第三,对于浙江、江苏、福建经济实力较强、开放程度又较高的省份,其引进效率不高,主要表现在纯技术效率不高,可能在引资过程中存在一些体制障碍,这需要政府考察本省具体情况,例如是否存在审批程序繁琐的问题? 是否存在服务业 FDI 的内部结构失衡? 是否充分发挥了本地优势产业的吸引力? 当然,人才不足也是这些地区引进效率低可能的原因之一,可以加大服务业高端人才的培养和引进。

第四,对经济不发达地区,首先要发展本地区经济,完善市场体系,同时也要密切关注服务业外商的投资信息,创造良好的硬件设施和软件环境,通过引进 FDI 与发展本地区经济相结合,引导 FDI 流向服务业,促进本地服务业的发展。引资无效的省市(自治区)大多地处中西部地区,考虑到中西部地区本地经济实力有限,尤其是服务经济与东部地区存在很大的差距,国家应继续将优惠政策向中西部地区倾斜,加大财政投入和扶贫力度,提高当地居民收入。经济欠发达地区要充分利用国家的优惠政策,完善基础设施,为外资创造有吸引力的软硬件环境,从而提高对服务业 FDI 的吸引力。

第五,对于引进服务业 FDI 结构方面,我国还应进一步放开对 FDI 领域的限制。各省市(自治区)应吸引更多服务业 FDI 流向高端服务业和新兴服务业,还应结合服务业 FDI 的流向来具体分析未来引进 FDI 的重点,不断优化 FDI 的结构。

参考文献

Alfaro, L., 2003, "Foreign Direct Investment and Growth: Does the Sector Matter?", dissertation of Harvard Business School.

Alfaro, L., S. Kalemli-Ozcan, and V. Volosovych., 2008, "Why Doesn't Capital Flow from Rich to Poor Countries? An Empirical Investigation", *Review of Economics and Statistics*, 90:347—368.

Alan M. Rugman, A. Verbeke, 2008, "A New Perspective on the Regional and Global Strategies of Multinational Services Firms", *Management International Review*, 48.

Antonelli, C., 1998, "Localised Technological Change, New Information Technology and the Knowledge-based Economy: the European Evidence", *Journal of Evolutionary Economics*, 8:177—198.

Bhagwati, J.N., 1984, "Splintering and Disembodiment of Services and Developing Nations", *The World Economy*, 7:133—143.

Borensztein, E., J.De Gregorio, and J.Lee, 1998, "How Does Foreign Direct Investment Affect Economic Growth?", *Journal of International Economics*, 45:115—135.

Browning, H., J.Singleman, 1975, *The Emergence of a Service Society: Demographic and Sociological Aspects of the Sectoral Transformation in Labor Force of U.S.A.*, National Technical Information Service, Springfield.

Chang, P., Karsenty, G., Mattoo, A., and Richterung, J., 1999, "GATS, the Modes of Supply and Statistics on Trade in Services", *Journal of World Trade*, 33:3—115.

Chenery, Hollis B., Strout, Alan M., 1966, "Foreign Assistance and Economic Development", *The American Economic Review*, 56:679—733.

Choi, C., 2010, "The Effect of the Internet on Service Trade", *Economic Letter*, 109(2):102—104.

Clark, C., 1940, *The Conditions of Economic Progress*, London: Macmillan.

Clark, T., Rajaratnam, D., 1999, "International Services: Perspectives at Century's End", *Journal of Services Marketing*, 13:298—310.

Clark,T., Rajaratnam, D., and Smith, T., 1996, "Toward a Theory of International Services: Marketing Intangibles in a World of Nations", *Journal of International Marketing*, 4:79—92.

Daniels P.W., 1985, *Services Industries: A Geographical Appraisal*, London: Methuen, 1—16.

Doytch, N., M., Uctum, 2011, "Does the Worldwide Shift of FDI from Manufacturing to Services Accelerate Economic Growth? A GMM Estimation Study", *Journal of International Money and Finance*, 30:410—427.

Falvey,R., Gemmell, N., 1996, "A Formalization and Test of the Factor Productivity Explanation of International Differences in Services Prices", *International Economic Review*, 37.

Fernandes, A., C.Paunov, 2008, "Foreign Direct Investment in Service and Manufacturing Productivity Growth: Evidence for Chile", World Bank Policy Research Working Paper, 4730.

Francois, J.F., 1990a, "Producer Services, Scale, and the Division of Labor", *Oxford Economic Papers*, 42:715—729, framework in Jones, R. W., Krueger, A. eds., *The Political Economy of International Trade*, Oxford: Basil Blackwell.

Frankel, Jeffrey A., David Romer, 1999, "Does Trade Cause Growth?", *American Economic Review*, 89:379—399.

Freund, C., Weinhold, D., 2002, "The Internet and International Trade in Services", *American Economic Review Papers and Proceedings*, 92:236—240.

Fuchs, V.R., 1965, "The Growing Importance of the Service Industries", *Journal of Business*, 38:344—373.

Gillespie, A.E., Green, A.E.,1987, "The Changing Geography of Producer Services Employment in Britain", *Regional Studies*, 21(5):397—411.

Gronroos C., 1999, "Internationalization Strategies for Services", *Journal of Services Marketing*, 13:290—297.

Grubel H. G., Walker M. A., 1989, *The Canadian Service Industries*, Fraster Institute, 48—50.

Heiko Gebauer, Elgar Fleisch, 2007, "An Investigation of the Relationship between Behavioral Process, Motivation,Investments in the Service Business and Service Revenue", *Industrial Marketing Management*, 36.

Hoen, 1999, "An input-output Analysis of European Integration", PhD dissertation of University of Groningen.

Hoekman, B., Karsenty, G., 1992, "Economic Development and International Transaction in Services", *Development Policy Review*, 10.

Hoekman, B., Primo Braga, C.A., 1997, "Protection and Trade in Services", World Bank, Policy Research Working Paper No.1747.

Illeris, S., 1989, "Producer Services: the Key Sector for Future Economic Development", *Entrepreneurship and Regional Development*, 3:267—274.

Jeleff, 1996, "Advanced Producer Services: Just a Service to Manufacturing?", *Service Industries Journal*, 16(3).

Levine, R., 1997, "Financial Development and Economic Growth: Views and Agenda", *Journal of Economic Literature*, 25:688—726.

Lucas, R.E., 1998, "On the Mechanics of Economic Development", *Journal of Monetary Economics*, 22.

Mankiw, N.G., D.Romer, and D.Weil, 1992, "A Contribution to the Empirics of Economic Growth", *Quarterly Journal of Economics*, 107:407—437.

Markusen, James R., 1989, "Trade in Producer Services and in Other Specialized Intermediate Inputs", *The American Economic Review*, 79:85—95.

Markusen, James R., Anthony J.Venables, Denise E.Konan, and Kevin H. Zhang, 1996, "A Unified Treatment of Horizontal Direct Investment, Vertical Direct Investment, and The Pattern of Trade in Goods and Services", NBER Working Paper 5696.

UNCTAD, 2008, *World Investment Report 2008—Transnational Corporations and the Infrastructure Challenge*, New York.

UNCTAD, 2009, *World Investment Report 2009—Transnational Corporations, Agricultural Production and Development*, New York.

UNCTAD, 2011, *World Investment Report 2011—Non-equity Modes of International Production and Development*, New York.

Colin Clark, 1960, *The Conditions of Economic Progress*, London: Macmillan Co.Ltd.

Karl Albrecht, Ron Zemke, 2002, *Service America in the New Economy*, Revised Edition, The McGraw Hill Companies, Inc.

Gemmell, N., 2006, *Structural Change and Economic Development: the Role of the Service Sector*, Macmillan Press.

Li Donghui, F. Moshirian, 2004, "International Investment in Insurance Services in the US", *Journal of Multinational Financial Management*, 14.

Marrewijk V., 1997, "Produce Services,Comparative Advantage and International Trade Patterns", *Journal of International Economics*, 42:195—220.

Midelfart Knarvik, K.H, Overman, H.G., Redding, S.J., and Venables, A. J., 2000, "The Location of European Industry", report prepared for the Directorate General for Economic and Financial Affairs, European Commission.

M.K.Erramilli, C.P.Rao, 1993, "Service Firms International Entry-mode Choice: A Modified Transaction-cost Analysis Approach", *The Journal of Marketing*, 57(3).

Markusen, J., 1989, "Trade in Producer Services and in Other Specialized Intermediate Inputs", *American Economic Review*, 79:85—95.

Mark Manger, 2008, "International Investment Agreements and Services

Markets: Locking in Market Failure?", *World Development*, 36(11).

M.Mueller, P.Lovelock, 2000, "The WTO and China's Ban on Foreign Investment in Telecommunication Services: A Game-theoretic Analysis", *Telecommunications Policy*, 24.

Melvin, J.R., 1989, "Trade in Producer Services: A Heckscher-Ohiin Approach", *Journal of Political Economy*, 97.

OECD, 1997, *Information Technology Outlook*, OECD, Paris.

Posner, M.V., 1961, "International Trade and Technical Change", *Oxford Economic Papers*, 13:323—341.

Raff, H., Marc von der Ruhr, 2007, "Foreign Direct Investment in Producer Services: Theory and Empirical Evidence", *Economics Quarterly*, 3: 299—321.

Richard D.Smith, 2004, "Foreign Direct Investment and Trade in Health Services: A Review of the Literature", *Social Science & Medicine*, 59.

Robinson, Wang, Martin,W., 2002, "Capturing the Implications of Services Trade Liberalization", *Economic Systems Research*, 14.

Steven H.Seggie, David A.Griffith, 2008, "The Resource Matching Foundations of Competitive Advantage: An Alternative Perspective on the Globalization of Service Firms", *International Marketing Review*, 25(3).

Thijs, R., Edward, N.W., 2001, "Outsourcing of Services and The Productivity Recovery in U.S.Manufacturing in the 1980s and 1990s", *Journal of Productivity Analysis*, 16:149—165.

Triplett, J.E., Bosworth, B.P., 2001, "Productivity in the Services Sector", in Stern, R.M., ed., *Services in the International Economy*, Michigan: University of Michigan Press.

Tuan, Ng, 2003, "FDI Facilitated by Agglomeration Economies: Evidence from Manufacturing and Services Joint Ventures in China", *Journal of Asian Economics*, 13:749—766.

国家统计局:《加快发展我国第三产业的研究报告》,中国经济出版社 1994

年版。

江苏、浙江、上海市经委:《关于推进长三角地区现代物流联动发展的若干措施》,2008 年。

裴长洪、彭磊:《中国服务贸易发展报告 2007》,商务部,2007 年。

A.佩恩:《服务营销》,中信出版社 1998 年版。

G.格鲁伯等:《服务业的增长原因与影响》,上海三联书店 1993 年版。

H.钱纳里等:《工业化和经济增长的比较研究》,上海三联书店 1995 年版。

爱伦·A.泰特:《增值税:管理与政策问题》,中国财政经济出版社 1995 年版。

赫希曼:《经济发展战略》,经济科学出版社 1991 年版。

公文俊平:《日本进入服务产业新时代》,新华出版社 1987 年版。

克鲁格曼:《地理与贸易》,北京大学出版社 2000 年版。

斯蒂芬·R.刘易斯:《寻求发展的税收:原则与应用》,中国财政经济出版社 1998 年版。

托马斯·弗里德曼:《世界是平的:21 世纪简史》,湖南科学技术出版社 2006 年版。

西蒙·库兹涅兹:《现代经济增长》,北京经济学院出版社 1989 年版。

维克托·富克斯:《服务经济学》,商务印书馆 1987 年版。

白仲尧:《中国服务贸易方略》,社会科学文献出版社 1998 年版。

白仲尧:《第三产业经济纵论》,中国财政经济出版社 1997 年版。

陈宪:《国际服务贸易——原理·政策·产业》,立信会计出版社 2000 年版。

陈建军:《产业区域转移与东扩西进战略》,中华书局 2002 年版。

陈宪等:《黏合剂:全球产业与市场整合中的服务贸易》,上海社会科学院出版社 2001 年版。

陈强:《高级计量经济学及 Stata 应用》,高等教育出版社 2010 年版。

程大中:《服务经济的兴起与中国的战略选择》,经济管理出版社 2010 年版。

程大中:《生产者服务论——兼论中国服务业发展与开放》,文汇出版社 2005 年版。

丁俊发:《中国加入 WTO——流通业面临的机遇、挑战与发展》,中国财政经济出版社 2000 年版。

戴建中:《国际服务贸易》,中国青年出版社1996年版。

董昭礼:《合肥·六安·巢湖·淮南及桐城发展报告,泛长三角背景下的省会经济圈》,社会科学文献出版社2009年版。

董书城:《价值的源泉——对象化劳动》,中国经济出版社2000年版。

高涤陈等:《服务经济学》,河南人民出版社1990年版。

郭克沙:《结构优化与经济发展》,广东经济出版社2001年版。

郭克沙等:《中国产业结构变动趋势及政策研究》,经济管理出版社1999年版。

顾经仪等:《WTO法律规则与中国服务贸易》,上海财经大学出版社2000年版。

何骏:《技术创新的国际互动链》,上海财经大学出版社2007年版。

黄少军:《服务业与经济增长》,经济科学出版社2000年版。

黄胜强:《国际服务贸易多边规则利弊分析》,中国社会科学出版社2000年版。

蒋珠燕:《入世焦点——新世纪的中国服务贸易》,经济科学出版社1999年版。

江小涓:《服务全球化与服务外包:现状、趋势及理论分析》,人民出版社2008年版。

路华等:《现代服务策划》,中央民族大学出版社1999年版。

刘家顺、杨洁、孙玉娟:《产业经济学》,中国社会科学出版社2006年版。

罗余才等:《国际服务贸易学》,中国财政经济出版社1999年版。

卢根鑫:《国际产业转移论》,上海人民出版社1997年版。

卢进勇:《入世与中国利用外资和海外投资》,对外经济贸易大学出版社2001年版。

卢锋:《服务外包的经济学分析:产品内分工视角》,北京大学出版社2007年版。

李江帆:《第三产业经济学》,广东人民出版社1990年版。

李悦、李平、孔令丞:《产业经济学(第二版)》,东北财经大学出版社2008年版。

李善同、华而诚:《21世纪初的中国服务业》,经济科学出版社2002年版。

李冠霖:《第三产业投入产出分析》,中国物价出版社2002年版。

李卫东:《应用多元统计分析》,北京大学出版社2008年版。

马龙龙等:《服务业管理学》,社会科学文献出版社1992年版。

曲大富:《WTO与第三产业》,人民出版社2000年版。

芮明杰:《产业经济学》,上海财经大学出版社2005年版。

陶永宽等:《服务经济学》,上海社会科学出版社1988年版。

陶明等:《服务贸易学》,山西经济出版社2001年版。

陶文达:《发展经济学》,四川人民出版社1995年版。

谭力文、刘林青等:《跨国公司制造和服务外包发展趋势与中国相关政策研究》,人民出版社2008年版。

汪应洛:《服务外包概论》,西安交通大学出版社2007年版。

王新奎等:《世界贸易组织与发展中国家》,上海远东出版社1998年版。

王垂仍:《服务业竞争合并》,中国对外翻译出版公司1987年版。

王伟:《服务通论》,中国旅游出版社1993年版。

王力、刘春生、黄育华:《中国服务外包发展报告(2010—2011)》,社会科学文献出版社2011年版。

韦伟、孙自铎:《安徽省若干重大问题研究》,合肥工业大学出版社2004年版。

韦伟、江山:《安徽旅游发展研究报告》,安徽大学出版社2009年版。

徐学军:《助推新世纪的经济腾飞:中国生产性服务业巡礼》,科学出版社2008年版。

谢康:《国际服务贸易》,中山大学出版社1998年版。

杨圣明等:《服务贸易中国与世界》,民主与建设出版社1999年版。

杨松华等:《香港与内地服务产业链策论》,中国经济出版社2000年版。

余良军等:《入世后行业走势及命运》,经济日报出版社2001年版。

殷君伯、刘志迎:《泛长三角区域发展分工与合作——泛长三角区域经济发展研究报告》,安徽人民出版社2008年版。

殷凤:《开放服务经济与中国的实践》,经济管理出版社2010年版。

郑琴琴:《服务业跨国公司的国际扩张研究》,复旦大学出版社2008年版。

张钱江、詹国华:《服务外包》,浙江人民出版社2010年版。

张可云:《区域大战与区域经济关系》,中国轻工出版社2001年版。

张仲礼等:《第三产业的理论与实践》,上海社会科学院出版社1986年版。

张健民:《中国服务贸易市场准入研究》,中国财政经济出版社1998年版。

张健仁:《第三产业经济学》,中国人民大学出版社1998年版。

曹魏:《服务贸易对服务业发展拉动机制的研究》,《中共济南市委党校学报》,2012年第2期。

陈蕊:《区域产业梯度转移调控研究》,合肥工业大学博士学位论文,2007年。

陈慧娟、施雪婷:《中国BOP发展的SWOT分析及对策研究》,《商业经济》2011年第5期。

陈刚、刘珊珊:《产业转移理论研究现状与展望》,《当代财经》2006年第10期。

陈建军:《长江三角洲地区的产业同构及产业定位》,《中国工业经济》2004年第2期。

董小麟、董苑玫:《中国服务贸易竞争力与服务业的结构缺陷分析》,《国际经贸探索》2006年第6期。

高丽娜、朱舜:《泛长三角经济一体化视角下的安徽省域经济空间结构优化研究》,《上海经济研究》2009年第2期。

何星明、蒋寒迪、袁春惠:《产业转移的理论来源》,《企业经济》2004年第9期。

何骏:《中国引进服务业FDI研究:基于现状与效率的视角》,《世界经济研究》2012年第7期。

何骏:《上海增值税改革对现代服务业的影响测算及效应评估》,《经济与管理研究》2012年第10期。

何骏:《服务业集聚与引进服务业FDI的关系》,《中国经济问题》2012年第6期。

何骏、郭岚:《中国服务贸易竞争力提升研究》,《山西财经大学学报》2013年第3期。

何骏:《中国服务业国际化水平的国际比较研究》,《中国经济问题》2013年第4期。

何骏:《制造业优势能否助推中国离岸服务外包发展?》,《亚太经济》2014年第4期。

贺正楚、吴艳、周震虹:《我国各省市农业投入与产出的效率评价》,《经济地理》2011年第31期。

黄发义、王明志:《上海航运金融现状及问题探析》,《航港研究》2008年第

6 期。

黄肖琦、柴敏：《新经济地理学视角下的 FDI 区位选择——基于中国省际面板数据的实证分析》，《管理世界》2006 年第 10 期。

胡昭玲、王洋：《中国承接服务外包的影响因素分析》，《国际经贸探索》2010 年第 2 期。

胡怡建、李天祥：《增值税扩围改革的财政收入影响分析——基于投入产出表的模拟估算》，《财政研究》2011 年第 9 期。

荆林波：《质疑外包服务降低成本及引起失业的假说》，《经济研究》2005 年第 1 期。

江小娟、李辉：《服务业与中国经济：相关性和加快增长的潜力》，《经济研究》2004 年第 1 期。

江小涓：《吸引外资对中国产业技术进步和研发能力提升的影响》，《国际经济评论》2004 年第 2 期。

姜明耀：《增值税"扩围"改革对行业税负的影响——基于投入产出表的分析》，《中央财经大学学报》2011 年第 2 期。

罗启发：《基于服务类型的服务国际化方式研究》，湘潭大学硕士学位论文，2006 年。

李善同等：《世界服务业发展趋势》，《经济研究参考》2002 年第 2 期。

李晓西：《东部产业转移趋势与承接机遇》，《高端视角》2009 年第 2 期。

李伟婷：《上海建设国际金融中心的约束条件分析》，《金融研究》2008 年第 5 期。

李秉强：《我国服务贸易与服务业协调发展的耦合机理分析》，《贵州师范大学（社会科学版）》2010 年第 3 期。

李伍荣：《服务国际化》，《国外社会科学》2007 年第 5 期。

林发彬：《金融发展对我国服务贸易的结构效应：被压抑了吗?》，《经济经纬》2011 年第 1 期。

吕延方、赵进文：《中国承接服务外包影响因素分析——基于多国面板数据的实证检验》，《财贸经济》2010 年第 7 期。

刘辉群、顾蕊：《国际服务业转移下的中国现代服务业发展策略》，《西部论坛》

2005 年第 9 期。

刘书瀚:《发达国家服务创新政策的演变及其启示》,《学术月刊》2008 年第 5 期。

刘诗白:《论服务劳动》,《经济学家》2001 年第 6 期。

刘志彪:《论以生产性服务业为主导的现代经济增长》,《中国经济问题》2001 年第 1 期。

刘志迎、杜超璇、程必定:《泛长三角地区产业专业化分工实证——基于产品互补模式的研究》,《发展研究》2010 年第 1 期。

陆海祜:《构建上海国际航运中心与航运服务中心双引擎发展模式》,《中国港口》2007 年第 7 期。

孟保国、苏秦:《软件企业业务外包管理过程研究》,《软科学》2004 年第 3 期。

时辰宙:《国际金融中心的金融监管——伦敦、纽约的经验教训与上海的作为》,《上海经济研究》2009 年第 3 期。

孙晓峰:《现代服务业发展的动力机制及制度环境》,《兰州学刊》2004 年第 6 期。

唐磊、李伍荣:《对服务国际化的战略思考》,《求索》2007 年第 4 期。

陶文昭:《发达国家服务业变迁的分析》,《经济理论与经济管理》1995 年第 5 期。

魏权龄、岳明:《DEA 概论与 C^2R 模型—数据包络模型》,《系统工程理论与实践》1989 年第 1 期。

韦东:《我国服务外包业发展的现状、问题及对策》,《江苏商论》2011 年第 10 期。

王志华,陈圻:《长三角制造业的同构与专业化》,《统计与决策》2006 年第 8 期。

王玉梅:《发达的生产者服务业应成为上海不可替代的竞争优势》,《上海立信会计学院学报》2003 年第 4 期。

王方、全伟:《"长三角"地区外商直接投资的区域分布及产业结构分析》,《华东经济管理》2004 年第 2 期。

王可厦:《宏观紧缩背景下的泛长三角产业分工协作——安徽与沪浙苏产业融

合路径探讨》,《江淮论坛》2009 年第 1 期。

王习农:《服务外包与服务贸易关系考察》,《中国服务外包》2011 年第 4 期。

汪斌、赵张耀:《国际产业转移理论述评》,《浙江社会科学》2003 年第 6 期。

汪离鑫、曹江:《外国直接投资对上海经济增长贡献的计量分析》,《上海经济研究》2000 年第 5 期。

徐毅、张二震:《外包与生产率:基于工业行业数据的经验研究》,《经济研究》2008 年第 1 期。

徐通:《广东区域经济空间结构的效率评价——基于 DEA 效率评价的分析》,《城市探索》2011 年第 7 期。

谢太峰、王子博:《上海区域金融发展与区域经济增长关系的实证研究》,《经济与管理研究》2009 年第 4 期。

袁文:《基于产业转移视角的我国服务业国际化模式分析》,《华东经济管理》2007 年第 6 期。

姚雪绯:《交通运输业改征增值税探析》,《交通财会》2010 年第 12 期。

杨剑龙:《全球化背景中的上海文化产业现状与思考》,《上海经济研究》2008 年第 7 期。

殷耀民:《上海信息技术产业全球定位的实证分析》,《上海经济研究》2003 年第 3 期。

尹伯成:《长三角经济发展面临的机遇与挑战》,《经济经纬》2006 年第 1 期。

尹晓波:《服务业——国际产业转移的新领域》,《理论探讨》2007 年第 1 期。

叶森:《区域产业联动研究以浦东新区与长三角地区 IC 产业联动为例》,华东师范大学博士学位论文,2009 年。

赵玉娟:《服务业 FDI、资本效应与经济增长》,《财经问题研究》2011 年第 3 期。

朱桦:《上海商贸业发展的现状与趋势》,《上海经济研究》2008 年第 3 期。

朱宜林:《我国地区产业转移问题研究综述》,《生产力研究》2005 年第 9 期。

张少军:《全球价值链模式的产业转移与区域协调发展》,《财经科学》2009 年第 2 期。

张为付:《服务贸易与服务业发生发展机理研究》,《世界经济与政治论坛》2006 年第 4 期。

张川：《交通运输业改征增值税类型选择的分析及建议》，《涉外税务》2001 年第 10 期。

张雅枚、江三良：《安徽产业结构演进和产业结构升级的政策建议》，《华东经济管理》2005 年第 9 期。

郑长娟、谢晓峰：《服务国际化的内涵及动因分析》，《国际商务》2006 年第 4 期。

郑吉昌：《中国服务业国际化：全球背景与路径选择》，《人文杂志》2003 年第 1 期。

郑吉昌：《服务业国际化的动因与特点》，《商业研究》2004 年第 10 期。

郑吉昌、夏晴：《论生产性服务业的发展与分工的深化》，《科学进步与对策》2005 年第 2 期。

钟韵、阎小培：《西方地理学界关于生产性服务业作用研究评述》，《人文地理》2005 年第 3 期。

钟韵、阎小培：《我国生产性服务业与经济发展关系研究》，《人文地理》2003 年第 5 期。

庄惠明、黄建忠：《中国服务业与服务贸易竞争力提升协同性的实证研究》，《服务贸易评论》2011 年第 1 辑。

庄丽娟、贺梅英：《服务业利用外商直接投资对中国经济增长作用机理的实证研究》，《世界经济研究》2005 年第 8 期。

植草益：《信息通讯业的产业融合》，《中国工业经济》2001 年第 2 期。

左学金：《泛长三角产业转移与区域合作》，《江淮论坛》2010 年第 1 期。

查冬兰、吴晓兰：《服务业外国直接投资对服务业各行业经济增长的影响分析》，《国际贸易问题》2006 年第 11 期。

甄峰、顾朝林、朱传耿：《西方生产服务业研究评述》，《南京大学学报》2001 年第 3 期。

图书在版编目(CIP)数据

中国服务业国际化水平提升研究/何骏著.—上海：
格致出版社：上海人民出版社，2015
（自贸区研究系列）
ISBN 978 - 7 - 5432 - 2508 - 4

Ⅰ.①中…　Ⅱ.①何…　Ⅲ.①服务业-国际化-研究-
中国　Ⅳ.①F719

中国版本图书馆 CIP 数据核字(2015)第 073746 号

责任编辑　李　远
装帧设计　路　静

自贸区研究系列

中国服务业国际化水平提升研究

何　骏著

出　版	世纪出版股份有限公司　格致出版社	印　刷	苏州望电印刷有限公司
	世纪出版集团　上海人民出版社	开　本	787×1092　1/16
	(200001　上海福建中路 193 号　www.ewen.co)	印　张	12.25
	编辑部热线　021-63914988 市场部热线　021-63914081 www.hibooks.cn	插　页	3
		字　数	197,000
		版　次	2015 年 5 月第 1 版
发　行	上海世纪出版股份有限公司发行中心	印　次	2015 年 5 月第 1 次印刷

ISBN 978 - 7 - 5432 - 2508 - 4/F・827　　　　　　　　　　　　　　　　定价：42.00 元